海闊天空

鄭向恆著

文學叢刊

文史哲出版社印行

國家圖書館出版品預行編目資料

海闊天空 /鄭向恆著 - 增訂再版-- 臺北市：
文史哲,民 100.11
頁; 公分（文學叢刊；262）
ISBN 978-957-549-997-6（平裝）

855　　　100023856

文學叢刊 262

海闊天空

著　者：鄭　向　恆
出版者：文　史　哲　出　版　社
http:// www.lapen.com.tw
e-mail：lapen@ms74.hinet.net
登記證字號：行政院新聞局版臺業字五三三七號
發行人：彭　正　雄
發行所：文　史　哲　出　版　社
印刷者：文　史　哲　出　版　社
臺北市羅斯福路一段七十二巷四號
郵政劃撥帳號：一六一八〇一七五
電話886-2-23511028 · 傳真886-2-23965656

定價新臺幣四四〇元

一九八五年（民七十四）七月初版
二〇一一年（民一〇〇）十一月增訂再版
二〇一五年（民一〇四）八月增訂三版

ISBN 978-957-549-997-6　　08262

序

鄭彥棻

我認識向恆是在中、法、比、瑞同學會的演講會上，那時她剛從法國回台不久，迄今也已十個年頭了，這期間。除了開會時，很少見到她。

民國七十二年四月，台視製作一系列「面對當代人物」的專輯時，我才發現向恆的才華，以及她熱心服務的精神。她研究的是詞曲，並不是從事大眾傳播工作的，但是為什麼由她參與這個「專輯」工作呢？後來向恆告訴我說：「你是中、法、比、瑞同學會理事長，又是世界鄭氏宗親總會理事長。而這兩個會都和我有關係，所以當製作小組要我負責連絡時，我就義不容辭地答應了。」

向恆的敬業精神是可佩的，為了這個「專輯」，她讀了許多與我有關的書刊，並介紹主持人向我借取圖片資料等。

就在製作「專輯」的同時，我在電視新聞中得知向恆榮獲中興文藝獎，我才知道她除了任教之外；還是位業餘散文作者。自此以後，我開始注意她的文章以及她以前出版的著作。

向恆的第一本遊記，就是和她弟弟向元合著的「半個地球」，她們姐弟倆可以說都是致力「國民外交」的青年，也是鄭氏宗親傑出的子弟。那是民國五十三年夏天，向恆參加中華民國赴非文化友好訪問團到非洲十幾個國家去表演古箏、琵琶，揚我大漢天聲；向元則代表我國參加全美羅浮童軍大露營，她們難能可貴的是：在忙於開會，忙於旅行，忙於演奏之外，還不忘收集寫作資料。

向恆第二本遊記，是「歐遊心影」，這是她於民國六十三年往法國遊學時，陸續在各報章雜誌所發表的遊記。這本書使我讀來特別親切，并有舊地重遊之感，由於它使我回憶起早年留學法國時的許多往事。

近年來，向恆似乎每年暑假，都曾到國外去旅行訪問。民國六十八年，她率領「梅花文化友好訪問團」前往南非、模里西斯及留尼旺等地。民國七十一年，隨中華民國作家訪問團，前往韓國，日本，以及應西非象牙海岸電視台之邀請，前往介紹中國樂器及十大建設等。民國七十二年夏再度率團前往南非。返國後，曾獲海工會頒獎。去夏她獨自前往美國探親訪友，并洽請學者專家返國參加今年四月在台北舉行的第一屆國際古典文學會議。以旅遊的經歷來說，她的足跡已到達歐、亞、非三大洲。不僅豐富了她的生活和知識，也增廣了他寫作的機會和必需的條件，同時也提昇了她寫作的技巧。

向恆的遊記，不僅以輕鬆活潑的筆調描述各地的風土人情，歷史文化。且時時流露出家國之思，處處發揚我中華民族精神。她的遊記不僅寫風景，且不忘寓文化教育於其中。

去年十一月我奉派前往檀香山主持興中會創立九十週年紀念大會，在臨行之前，偶然看到向恆的一篇「玻里尼西亞文化村」的遊記、寫得引人入勝，使我很想到了夏威夷之後也能觀光一番。可惜由於時間短促，沒有如願以償。

回國後，向恆對我檀島之行，頗感興趣，曾化了六千多字，寫了一篇向我訪問「檀島之行」的文章，夾述夾議，洋洋洒洒。許多看過的朋友，都以為這是一位熟練記者所撰寫的，可見，她的確具有寫作的特殊技巧。

自此，我更鼓勵她多多寫作。本年五月向恆邀請我前往中央圖書館，參觀「當代文學家資料展」時，我開玩笑問向恆：「什麼時候刊行妳的第三本遊記？」她說：「快了」，原來華欣文化事業中心，正將她近年來的作品，選了有關遊記的部份，擬予出版，并很誠懇的要我為她第三本遊記作序，我當時就欣然同意了。

端午節時，正當我忙着自己一本即將出版的書作最後的核校時，向恆捧着一疊已排印好的初稿來看我；翌日，我一口氣讀完，發現她的寫作的確有如前面所說的優點，譬如：

「看來，他是以擁有這件（上面印有中華民國國旗）T恤為榮了。突然，我感動得淚水盈眶，只恨沒多帶幾件，分送給在此渡假的人們（洋人）」——海內存知己——。

「尤其可貴的是石碑下面，有先總統　蔣公題的「民族正氣」四個大字，表現了菲華的抗日精神。」——馬尼拉瑣記——。

「幕啓後，朱梅麟先生致歡迎詞，接著請我出場，我先謝謝這麼多的觀衆冒著雨來，並強調：我們雖然只有十七位團員，但每一位代表了台灣的一百萬同胞，向模國友善的人民和親愛的華僑，致最大的關懷和祝福。」——梅花香溢印度洋——。

「現在是大衆傳播時代，我們實在宜充分利用電視功能來介紹各國風土人情。我的古箏也割愛留在象國了，但願這是一粒種子，不久會開花。」——出使象國上電視——。

「不知非洲面具，有沒有受我國影響？我國古時候，就有所謂的『代面』。北齊時（公元五五〇——五七七年），蘭陵王就是戴着面具上陣殺敵的。」——象國印象——

「近年來，國內對民俗藝術以及傳統技藝費了不少心力在提倡，但是不能只限於藝術季的幾場演出，而是要積極的訓練一批接棒人，甚至將這些傳統文化財富列在正式的教育系統內」——南管在巴黎——

「路邊的花可以任意攀摘，並可戴在頭上。不過女人戴花是有講究的，戴在右邊表示獨身；戴在左邊表示已婚；左右都戴表示已婚，但想再嫁；滿頭戴花，表示婚姻不美滿」——玻里尼西亞文化巡禮——

以上都是具有教育性，文化性和建設性趣味性的片段。

此外，也有許多引起讀者共鳴的地方，譬如漢江秋旅末句：「由於這兩小時的散步漫談，使我深深體會到，我國任何一個時代的外交政策及駐外人員，沒有比目前所處的環境，更艱苦的了。」——「漢江秋旅」——

總之，如果讀者細心品味向恆這本新著——「海闊天空」，你一定會同意我的看法。

相信，只要她不斷地努力寫作，將來必有更多、更好、且具有時代意義的作品呈現在讀者面前。我預祝她的成功，並樂為之序。

中華民國七十四年七月一日

鄭彥棻 序於台北

海闊天空 目次

卷 三

向恒女史嘱書

海闊縱魚躍

二〇一二年元旦

辛卯冬十二月八日

天空任鳥飛

朝陽河人在朝陽齋上

民國五十四年四月獲頒國防部獎狀

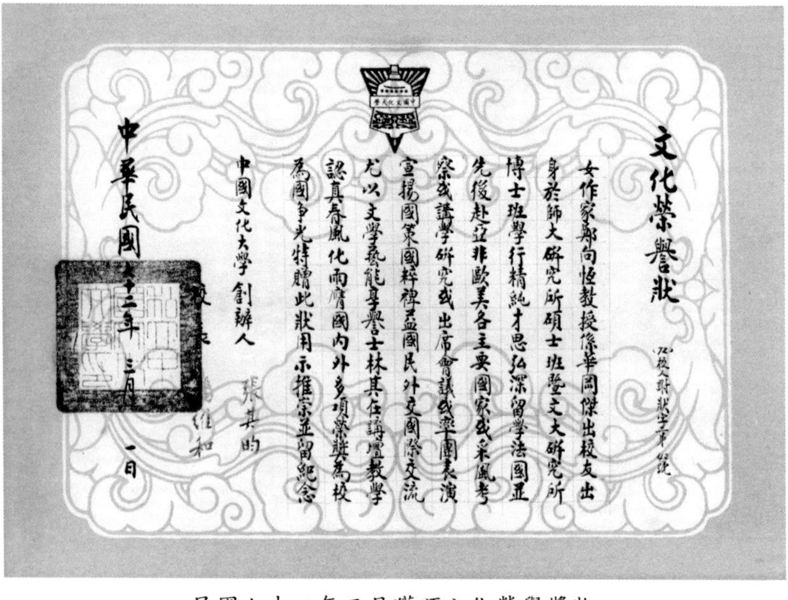

民國七十二年三月獲頒文化榮譽獎狀

七十四年四月和陳立夫資政（中）及師大校長梁尚勇合影在台北召開之第一屆國際古典文學會議

七十四年四月和參觀中央圖書館主辦之當代文學家資料展與鄭彥棻先生合影

七十二年八月，文化大學友好訪問團在南非斐京與
我駐南非大使楊西崑先生合影

與留尼旺僑領侯興長合影

與前楊金叢市長合影於南非航空公司機艙內

發展迅速的象國首都阿必尚

左圖：民國六十八年率團訪問模里西斯演奏琵琶。

下圖：七十一年秋應象牙海岸電視台之邀介紹我國，左一為前駐象國大使芮正皋。

六十八年於模里西斯布拉扎劇院，背後為民國五十三年，作者參加赴非文化訪問團時，該劇院一直留存至今之紀念海報。

七十二年文化友好訪問團於留尼旺演出之露天劇場

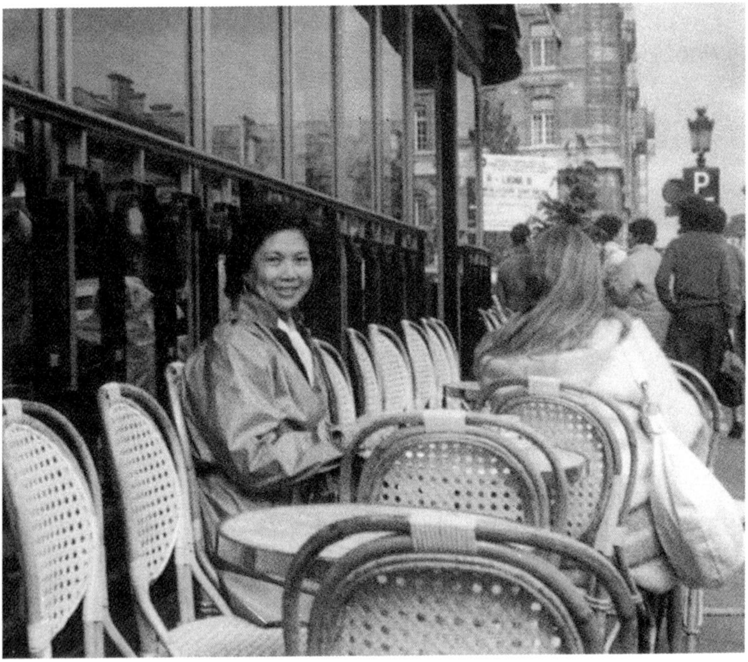

七十一年十月於巴黎露天咖啡座中小憩

七十三年十月於韓國民俗村中嚐飲「冬冬酒」

非洲象牙海岸之民俗舞

作者於七十三年十月參加中韓作家會議時與我駐韓大使薛毓麒，立委趙文藝（左一），夫婿李殿魁（右一）合影

七十三年八月結婚廿週年紀念（全家福）

民國六十八年獲頒文化學院感謝狀
（中為創辦人張其昀博士、左為潘維和校長）。

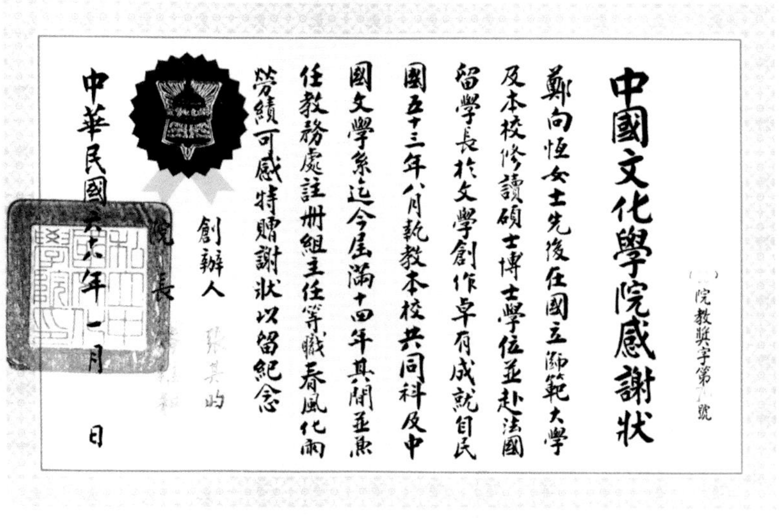

（ ）院教獎字第 號

中國文化學院感謝狀

鄭向恆女士先後在國立師範大學及本校修讀碩士博士學位並赴法國留學長於文學創作卓有成就自民國五十三年八月執教本校共同科及中國文學系迄今屆滿十四年其間並兼任教務處註冊組主任等職春風化雨勞績可感特贈謝狀以留紀念

創辦人 張其昀

院長

中華民國六十八年一月 日

向着光明之道前進。
恆以愉快心情奮鬥！
志之所向，其趣自至；
持之以恆，成功在握。

（陳立夫先生親題「名聯」勉勵作者）

國父孫中山先生說：

「有道德始有國家，
有道德始成世界。」

宛楨女士 留念

陳立夫

七〇.四.四

上圖：民國七十二年九月海工會主任曾廣順頒獎給中華文化訪問團團長鄭向恆。

下圖：作者於一九七九年率團訪問模尼西斯留尼旺等地。

向恆女士

讀了你的《我度寒窗念故人》一文，文情並茂，殊為欽佩。果伊兄地下有知，得此才子，是以自慰矣。希望你去寫作方面多多致力，未來的成就一定很可觀的。專此順頌

秋祺，

許文十八

七〇、三、廿二.

向恒教授大鑒：承

惠示　大作「海闊天空」游記乙册，盥誦之餘，深佩以感情豐富之筆觸，紀述海

內外之遊踪，

文采風發，藎忱時露。誠如　彥棻先生序言，尚希

寫作宣勤，益宏成就也。耑緘布謝，順頌

儷祺

蔣彥士拜啓

七十四年九月十三日

彥士用箋

向恒學妹惠鑒：

接讀你寄《海闊天空》，抽看了幾章，覺得愛不釋手，算來很少看整本書，但你的書必當仔細閱讀為快，從彥公序文中，得知你已另有兩本遊記，不知那裏有買，我必去搜購。這裏補充一句，你說的協和廣場，幾年前我于清晨四時在那裏散步，遺世独立，別有滋味，一笑！

祝

年年快樂！

嵩慶手啟 七〇.十一.廿九 附寄四件 謝謝

向恆女士教授道鑒：接奉

寄贈遊記大著乙書，隆情盛意，至深感謝。女士以讀萬卷書行萬里路之精神，走向世界，作文化之旅，留心其民情風俗，記述可供採擷者，收獲既多，嘉惠讀者尤其深遠。其中亦有 楚瑜曾經遊歷之地，拜讀之餘，頗有舊地重遊之感，倍覺欣喜。特覆致佩，並申謝忱，敬頌

鐸安

宋楚瑜 敬啓

八十一年四月十日

楚瑜用箋

卷一 海峽去來

——北區教授團訪問金門記行

高雄啓碇

爲了發揮文化上前線，文化總反攻；爲了表現全民的團結精神；同時也使教育工作者，親身體認一下戰地的生活。在國防部與教育部的聯合邀請下，舉辦了一項「北區大專院校教授前往金門訪問」的活動。

這支由二百四十多人所組成的龐大隊伍，在文化大學潘校長的率領下，於五月十八日，從高雄碼頭出發。

這天天氣晴和，萬里無雲，正是航海的好日子。來自各校的教授們，不辭車舟之苦，暫時拋開了書本，離開了講臺，走出了研究室，與緻勃勃地，拎著簡單的行李，登上了這艘有四千多噸，命名爲「太武艦」的運輸艦。大家都以能參加這一壯闊豪邁的旅途，到前線去訪問，而感到無限的鼓舞。

一踏上跳板，就給人一種新鮮感。看吧！那些海軍健兒，個個強壯好身手。爲了我們，上上下下、裏裏外外地張羅著，照拂著，忙得不亦樂乎。他們聽說有這麼多教授學者，來乘坐這艘艦，眞是既興奮又緊張哩！

我們魚貫登艦後，被安頓在四個大小不同的輪艙，大家正在讚佩艙內的舖位整齊清潔時，却聽到擴音器內響起一聲笛鳴，使我聯想到大力水手普派來。接著傳出親切的語調：「各位貴賓好，歡迎各位蒞臨本艦，現在午餐已準備好了，請到餐廳用餐，」看看腕錶，才十一點，但是，我們只得入境隨俗。何況軍中，是一個命令一個動作，由不得你。很快地，大家走進了四個大小不同的餐廳。經過梯道口的走廊時，赫然幾個「同舟共濟」的大字，攝入眼簾，令人猛地警覺到已置身海上了。

這是頓豐富的盤餐，每人一份，外加蘋果一個。有些教授，迫不及待地到艙外眺望，乾脆把蘋果帶了出去。不一會工夫，大家都好奇地出了船艙。或佇立甲板，或倚住扶欄，或船頭到船尾、船尾到船頭地到處巡視。好多人，還是第一次登艦哩！

正午時候，汽笛一聲長鳴，這艘滿載着學者的運輸艦，終於駛出了港口，向茫茫大海，乘風破浪而去。再回首時，高雄港已變成一個小黑點了。

一些年長的教授，更是老當益壯地，也隨著大家攀登扶梯，爬到最高的觀望臺，領略一下乘長風，破萬里浪的豪情。此時，憑欄遠眺，眞是海闊天空，令人心曠神怡，俗念皆忘。

一位在中央大學任教的國家文學博士—左教授，他迎著海風，咬了幾口蘋果後，瀟洒地往大海裏一扔，爽朗地開懷大笑說：「哈，哈，電影上的海盜，不就是這副模樣麼？」我想，他平時在講臺上，絕不敢如此放肆的。難怪人們說以海爲家的人，都是胸襟曠達的。

在城市住久的人，實在應該到外面的世界看看。西方人注重渡假，旅遊，無非是要把緊張，繁忙的都市生活，有所調劑。在歐洲，一到週末，假日，市區就看不到人，原來大家都下鄉去了，到海邊去了，再回來工作時，效率大增。眞的，離開城市，才知道大自然的可愛，丟開書本，才知道處處是知識。

過去，也有過多次空中航行的經驗，每見那白雲朵朵，從機艙窗口，緩緩而過；或是海水隔著雲層，隱約可見時，就覺得自己的渺小，和大自然的偉大。如今，來到海上，放眼望去，一碧萬頃，水天相連。視野之大，比之在空中隔著窗口所見的感覺，迴然不同。相形之下，愈是顯得自己的渺小，眞如「滄海之一粟」了。

船，在臺灣海峽上，緩緩而行。蔚藍的天涯，偶爾浮過幾片白雲，一如碧海上，偶爾濺起的輕浪。這色彩，調和極了，讓人看了舒暢無比。

這艘艦的性能不錯，裝備齊全。民國六十一年，首航金門，次年五月，正式命名「太武」艦。算來有九年的歷史了。現在的艦長——施上校，是位短小精悍，看上去不到四十歲的軍官，他是這艘艦上的靈魂人物。全艦人的生命全操在他手中。看他那種指揮若定，胸有成竹的樣子，使我想到三國時代，雄姿英發的周公瑾來。而最令我感佩的是那默默不語的舵手，他全神貫注地緊握舵柄，不慌不亂，完全聽命於上級的指示，是那麼地沉著而有定力。還有那值更官，目不轉睛地，隨時舉起望遠鏡，瞭望正前方。令人心折的是：他和舵手一樣，整整站立四小時，方得換班，後來，我又發現一位負責參謀的副官，是天文地理，無所不知的人。他是統籌大計者，必須要眼觀四面，耳聽八方才行。

這是項精密的聯合作業，非發揮團隊力量不可。作爲一個現代化的新海軍，除了要有豐富的科技知識外，還得具備服從、負責、吃苦、耐勞的精神。艦上也有所謂的互助小組，旨在彼此照顧，如兄如弟，如父如子。一環扣一環，充份達到「同舟共濟」的目的。

古人說：「吾生亦有涯，學亦無涯」來到艦上眞讓我又學了不少。尤其他們那種敬業的精神，實在令人值得效法。

成了天之驕子

從高雄到金門，有一百五十四浬。航程要十一小時，在艦上聊聊天，唱唱歌，看看海，時間倒也引發得快。五時左右，那有名的「七美島」已隱約可見。據說，島上居民多是從金門遷移來的，島以「七美人塚」出名。

此時，船行相當平穩，使我想起歐陽修「無風水面琉璃滑，不覺船移」的詞句來。遙岑遠望，水隨天去無窮極，眞是壯觀！

不知何時開始，西天已抹上了一片彩雲。太陽像火球似地，慢慢接近海面。一霎時，流霞四射，波光金影，好一幅夕陽晚照圖。據氣象報表上說：六點半日落，果然分秒不差，火球一下就被海水吞噬了。海面上泛著桃紅，像喝醉了酒。可惜是：「夕陽無限好，只是近黃昏」。不過，在這蒼茫的海上，就是黃昏，也是令人銷魂的。

入夜的雲色，又是另一種畫面，使我聯想到敦煌壁畫上的「飛天」；灰色的底，抹著深藍，帶黑的粗線條顏料，是幅寫意的國畫。說也奇怪，這時俯視海水，海水也跟著變墨色了，眞是水天一色。據說此地有道深險的黑水溝。此時，視野已不像先前遼闊了。艦下的通信兵，正在向前方，距離約五百碼的艦艇引著信號，原來，那是護航艦哩！聽說上空也有護航的飛機。沒想到，我們出門一次，却如此地勞師動眾，而我們還大大地陶醉在晚霞之中，又是吟詩，又是唱歌的，眞是成爲天之驕子了！在此，特別要向勞苦功高，悍衛海疆的三軍將士們，致以最大的敬意。

海上生明月

今天，正好是陰曆十五，月兒最圓，也最明朗，爲了不失去這海上的良辰美景，和臺大王教授，約好晚餐後，到甲板上賞月。巧的是，我們同是東坡詞的愛好者。於是，你一句，我一句，把東坡居士有關「月」的詞句，都吟唱出來，譬如：「明月如霜，好風如水，清景無限，坐聽潮聲來別浦，月明何處去。」「可惜一溪風月，莫教蹋碎瓊瑤。」「月明風露娟娟。」「月如無恨月常圓。」「良夜清風月滿湖。」「但願人常久，千里共嬋娟。」「誰與同坐，明月清風我。」當吟到「明月幾時有，把酒問青天。」「持杯遙勸天邊月，願月圓無缺，」以及「人間如夢，一尊還酹江月」時，眞恨沒帶壺酒來甲板哩！

大概是我們的歌聲愈來愈大，一時招來不少同好者，其中一位是中華工專的徐老師，我們一見如故，原來都是空軍的子弟。小時候，都是唸「空小」，如今，韶光易逝，轉眼，都已為人母，為人師了。而我們天涯相遇，甲板上共賞明月，眞是有「緣」。我們都有相同的回憶：幼年，都是隨父母親撤退來臺，也坐過輪船，但那已是遙遠的事，因年紀太小，沒有深刻的印象。不過，比起飽經憂患的上一代，我們是夠幸運的了，父母所承擔的苦難，所受的煎熬，眞不知比我們大多少倍哩。在這暮春月夜，茫茫大海，長望那些淪陷在大陸的同胞們，又不禁想到：「江山無主月空圓」的詞句。唉！眞是感慨萬端，為了冲淡愁緒，大家約定好唱些與月有關的歌：像：「月兒圓，月兒亮，月兒照亮我的家鄉」「月兒高掛在天上，光明照耀四方。」「母親，像月亮一樣，照亮我家門窗。」正在引吭高歌，又來了兩位彰化和高雄籍的戰士，是調來此艦服役的常備兵。也加入了我們的月光晚會，眞所謂「四海之內皆兄弟也。」我們去了年齡的距離，無所拘，樂自如地，唱著一些屬於年輕人的現代歌曲：像「蘭花草」「抓泥鰍」「龍的傳人」「中華民國頌」一時歌聲嘹亮，響徹雲霄，穿入海底，眞恨不得衝破鐵幕，傳遍大陸哩！

我像老大姐身份，問一位年輕的上等兵：「海上生活，過得慣嗎？」他點了支煙，沉思一下說：「當然也有苦的一面啦，當那狂風亂雨，驚濤駭浪時，人都要翻落到海底了，還得堅守自己的崗位，我們也學會了如何克服困難……。」的確，我們的運氣不錯，難得上次船，又沒風又沒浪，加上明月當空，當然是愜意了。

月亮，像是從天空飛出的銀盤，燦爛無比，使得星星大為遜色，王教授大喊：「眞是月明星稀啊！」海水被月光照得閃閃發亮。正陶醉在此波光月影之中，一位值夜班的士兵走出艙門，嚷著：「吃宵夜了，」原來船上規定一天有四頓吃的，這倒新鮮，進到餐廳，一口氣喝了兩碗稀飯，今夜味口甚佳，睡意全無，又跑到甲板上，此時海天澄澈，清麗絕倫，原來月光和著海洋，正在大談戀曲，將近午夜，露水浸濕了甲板，我們才依依不捨走回船艙。

謁金門

一夜幌呀幌、搖呀搖，正在重溫兒時在搖籃裏的舊夢時，卻被鄰床的王大姐推醒了：「快起來，去看日出！」原來日出的準備時間是五時十分。昨夜月光光，水光光的景象，尚未完全從腦中揮去，今天又要去看日出，眞過癮。精神爲之一振，匆匆梳洗，披上風衣，即攀登梯道，來到最高處。此時，東方已漸露曙光，那殘月，仍淡淡地徘徊在西天，早已失去原來的光澤，一臉憔悴。此時，大家注意力，都集中在東方的水平線上。五月的晨風，吹在臉上，嫵媚無比。時間一分一秒的過去，可是天算不如人算，正當太陽要露臉時，卻偏偏來了一層雲霧，眞是大掃其興。等到雲層散去時，旭日已升出水平線半個竹槓高了。

據船員說，這個季節，看日出，不很理想，要到七、八月，最爲清楚，蠻以爲今天是個大好晴天。不料，遠處天空，烏雲密佈，風雲爲之變色。瞬間，海面上起了八級風浪，海水呈墨綠色。船，逆風而行，時速只有八浬。人也站不穩了，東倒西歪地，眞是「天有不測風雲啊！」同時，使我領略到人生和渡重洋，不免總要遭到風浪的。

十九日，十點多，船駛進了料羅灣。這形勢險要，有着「海上長城」之稱的金門，終於遙遙在望。此時風已平門，浪已靜，海水呈嫩綠帶黃。船的速度也已減低，機器的聲音也變了節奏。大家都站到甲板上，一睹這「金湯永固，雄鎮海」的金門。等船靠岸時，已十一點了，大家回艙，整裝上岸。那邊碼頭上，早已有軍樂隊在奏樂歡迎我們。戰地司令官、金門縣長、政委會秘書長、及各部部隊長，也已列隊等候迎接。接受過隆重的歡迎儀式後，在那美麗大方的金門文化工作隊的小姐們，引導下，我們分別登上五輛巴士，展開了一連串的緊湊的訪問活動。

戰地巡禮

「眞沒想到，金門有如此平坦的柏油路！」「有如此多的樹木。」當汽車駛出碼頭後不久，鄰座的一位教授如此驚嘆地說。觸目所及，到處是綠油油的樹木，及筆筆直直的公路，簡直不像是來到戰地，有點像南臺灣的小城了！路兩邊郊原，遍植高粱，而那些矮小的土牆農舍，又散發出一股淳樸的風味。

及至經過慈湖及中正公園時，却又像是到了「太湖」。此處風光明媚，鳥語花香，想不到原是不毛之地的金門，如今却成了「海上公園」！正如領隊潘校長說「金門，不但是戰地，而且也是國際知名的觀光『聖』地，我們是抱着朝聖的心情來的……」潘校長是第三次來到金門，他說，金門，是百看不厭的！

後來，當我們全體集合在中正公園，蔣公銅像前，對大陸發表宣言：要中共放棄共產主義，以三民主義統一中國時，始眞正感覺到是置身在與大陸一水之隔的戰地——金門了。

接着我們分批參觀了古寧頭、莒光樓及自強特展、馬山等。親眼看到了三軍昂揚的士氣，以及堅固的防禦設施。

從餐廳到禮堂，禮堂到碉堡，無處不是有着令人振奮的標語，譬如：「打最後一仗，立最後一功。」「當復國的尖兵，作建國的工人。」「獨立作戰，自力更生。」「堅持到死，死裏求生。」「躍馬提槍，迎接戰鬥。」眞是每一句話，都充滿了鬥志。而蔣公　總統的遺訓：「以國家興亡爲已任，置個人死生於度外，」更是隨處可見，是此地最大的精神感召。汽車經過一條馬路時，路邊豎立一行大字牌：「自已的道路自已修」時，眞令人感動不已。是的，這裏的每一條大街小巷，都是軍民親手一石一土，鋪起來的，可是說都是由血汗凝成的。三十年前，原是土脊民貧的金門，無水、無電，如今像奇蹟似地，已經做到處處有電，家家有水的地步，這些都是「犧牲享受，享受犧牲」的最好詮釋。

三十多年前，領袖　蔣公曾說：「有金馬才有臺澎，有臺澎便有大陸。」這一高瞻遠矚的堅定昭示，使得金門，不斷在炮火中壯大。歷經戰火洗禮的金門，在軍民合力的建設下，早已成爲一個堅強的反共堡壘。爲了後方的安居樂業，可以說沒有一天不是在「枕戈待旦」，「迎接勝利」的。

當我們在馬山，瞭望大陸時，我問一位戰士：「離匪區這麼近，是否常看到匪船呢？」

戰士的回答是：「現在很少看到敵船，倒是偶有漁船的出現，那是匪喬裝的把戲，一下就被我們擊破！」

當我們在古寧頭看到閉路電視，畫面上出現對岸一片荒涼景象，屋頂上不見一根電視天線時，其簡陋也可想而知。

人定勝天

來到金門，才眞正應驗了：「聞名不如見面，見面勝過聞名」的話。島上的擎天廳，花崗石醫院，以及新近完成的迎賓館，都是先後開鑿山洞而築成的偉大建設。令人嘆爲觀止。

其中擎天廳，完成於民國五十二年，歷史最久，可容納千人的大廳。不須要任何音響設備，臺上的說話、唱歌，可以傳播到最後一排，且無回音。據說，世界上一流的藝人，都喜歡在這種場地演唱。

花崗石醫院，顧名思義，就知道是一座開鑿在花崗岩裏的醫院。該院於六十九年正式完工，北枕太武叠翠，南迎東海浩瀚，茂林修竹，實爲養病的好所在。院內分病房、醫療、行政、動力、生活五區，總計建坪八千八百方公尺。裏面全是最現代化的設備。除了替三軍治病外，還有民眾病房。一旦戰時，這全長壹仟叁佰公尺之幽邃山腹，即可由原二百五十一病牀一變而爲壹仟牀位以上的大醫院。由於是依山鑿造而成，故院內冬暖夏涼，倒是省了不少

「能源」。我們去參觀時，傷患寥寥可數。足見戰地防衛之堅固，早已嚇得匪軍不敢輕舉妄動哩！

迎賓館，位於南雄山麓，佔地五千八百餘坪，也是由軍民在花崗岩石層中開拓而成的現代化建築。全館隱藏在山腹之內。眞是「鬼斧神工，別有洞天。」要不是身歷其境，簡直不敢相信，在這反共的最前線，還有如此設備齊全的大飯店哩！我們女教授們，就被禮遇下榻此館，館內有休憩間、咖啡間、西餐廳，令人有賓至如歸之感。給金門又增加了一個「人定勝天」的實證。

民俗文化村

剛參觀過最具時代性的自強特展後，巴士又馳向通往金沙鎭的道路上。這是條新近完成的柏油道路，堅實而平坦。據說原來是一條泥巴路，車行其上，總是黃沙滾滾，風一吹過，塵土飛揚。尤其是下雨天，更是泥濘不堪。如今，總算在軍民的合作施工下，成了一條寬暢大道。

不久，車子停在一個古樸安祥的村莊。飛燕式的屋簷、大石塊以及紅磚砌成的外牆，彷彿到了另一個古老的世界。當牌坊上「金門民俗文物村」幾個顯著的大字，攝入眼簾時，簡直不敢相信是置身在處處皆是銅牆鐵壁的戰地。在這反共的最前哨，竟然還有如此古意盎然的地方？一下子，我們似乎墜入了時光隧道，在觸摸那傳統的中華文化。

民俗村，早在光緒廿六年（一九〇〇），就是金門一五五個自然村落之一。業主是原籍頂堡革命志士王國珍、王敬祥兩位先生，遠在唐朝時，他們的祖先是由山西遷移到此的。他們早年在日本經商，事業有成，回國後，在山后建立了本村，分享後人。

在這面積有一二三〇坪的村落，有十八棟二進式的古屋，都是漳、泉二州的房屋式樣；正房三間或五間，中央大廳，左右是廂房，與正房構成凹形。因年久失修，於六十八年初，在金門政委會的籌劃下軍民苦心合力整修後，於民國六十九年五月正式落成，迄今正好一週年。目前除了圍牆、牌坊，是依古制增設外，其他均保持原有的風貌與格局；處處雕樑畫棟，井然有序。

內部的建材，都是早年由漳州、泉州，甚至江西選購運來，至爲珍貴。尤其考究的是：每棟紅磚砌成的牆壁上——也就是正門的兩側，是用彩陶片所拚成的各種花鳥人物二書畫法，很有立體感。結構與裝飾，看起來結實華美。壁上也有縷空的圖案，如萬字形、錢字形、龜甲形，都是吉祥如意的象徵，眞是匠心別具。

無論門楣上的匾額，或兩側牆窗上的譬聯，其內容都不外乎「敦風教化」，「祈求太平」之作用。譬如第一排的六棟外牆橫聯分別是：「長樂永康，呂熾爾俾。」「花開富貴，竹報平安。」「書詩植稼，義禮常綱。」「規模壯觀，棟宇地峨。」「海爲屏，珠照座。」「行仁義事，存忠孝心。」等。

每棟正門也都貼著紅底黑字的對聯。兩扇門上半，都是釘有八卦銅環一對。通往兩邊廂房的門框也多呈虹形、方形、葫蘆形、如意形，在在顯示出先民們對生活藝術的重視。

十八棟的古代建築，除了有十一棟保留給王氏後裔居住外，其他分七個館爲：

一、民俗文物館——就是原來的海珠堂。是以前王氏族中子弟受教育的家塾。聽民俗村總幹事陳添財先生的解說：「因爲本堂倚山面海，每晨日出，太陽從海上慢慢升起，有如火球騰空，景觀奇美，因此得名。」總統經國先生，就曾在此欣賞過日出。

堂前，有假山石、噴水，以及古砲兩尊。兩扇大門上貼有「海屋・珠堂」的對聯。正門進入大廳的前庭，案几上擺有清朝雕花石香爐。正廳內，懸有「海珠堂」的匾額，兩壁有「海闊天高氣象，珠圓玉潤襟懷」的對聯。茶几、太師椅均倚牆放置，質料堅固，手工精細，無論供桌、案几、椅子，都看不到一個釘頭。尤其是那太師椅，四平八穩，坐在上面必得「正襟端坐」不可。中國人，有板有眼，莊敬自重的秉性，可以說表露無遺！

東西書軒，則陳列書畫、典籍與文房四寶。壁上分別掛有王國珍、王敬祥兩先生的遺像及傳略，以供軍民瞻仰。特別要一提的是：海珠堂的簷角是採飛燕式，這是表示族中有人在清廷做過大官。

二、禮儀館——是原來的王家祠堂，前庭豎立了一個朱紅色大圓牌，正中書「禮儀館」，左右聯是：「炎黃子孫承大統，五百年前是一家。」正廳供奉王氏列祖列宗。左壁懸掛家禮、朱子家訓、白鹿洞書院學規等。右壁則爲祭禮程序、單序圖。本館是以歲時祭祀爲主題，宏揚慎終追遠的倫理道德，使軍民了解先民對禮儀的重視。

三、喜慶館——在民俗館左側，正門上有「人傑地靈」的對聯。該館以民間傳統的婚禮爲主題。分設禮堂、洞房、小姑房……等十二個房間和擺設。林林總總，美不勝收。特別是一張四四方方的大眠牀，看起來結實耐用而有安全感，牀邊都雕以如意吉祥的圖飾。靠牆的一面，有許多的抽屜、架子，是用來收藏貴重物品及被子等。一個清朝遺留下來的花轎，也吸引不少人。

四、武館——是陳列兵器、弓箭、盔甲、以及民間雜藝等。前廳兩側壁上，浮雕了八段錦功夫招式圖。庭院內浮雕功夫淵源形象圖，主要在鼓舞族人，練拳習武，鍛鍊體魄，以期達到強身報國之宏旨。

五、休閒館——該館展示了先民在工作以外的娛樂，如南管、雜耍、茶道、下棋、說書等。從中可知先民們的文藝活動。

六、生產館——該館陳列了先民的農具、漁具、紡車、油車、米篩等工具，藉此可以了解先民昔日營生的方式以及勤勞敬業的精神。

七、古官邸——金門，遠在宋朝朱熹就曾渡海來此，佈化施教，人民勤讀詩書，到了明、清兩代，文風大盛。在這個館內，就陳列了很多書畫、文房四寶等。因爲王氏曾獲清廷誥授中議大夫，爲了光宗耀祖，門楣上特書有「大夫第」的匾額。陳總幹事特別指著書房的一個竹製箱子說：「這就是以前的書箱啊！」眞是令人沾了不少「書香」氣。

屋與屋之間的小巷，很窄，都是以大石板舖成。走在前面，益發令人有思古之幽情。一位政戰官對我說：「上次陳奇祿和魏景蒙兩位先生，來到此地，一站就是好半天，捨不得走！的確，本人深有同感，惜時間有限，不能細細欣賞，只能走馬看花。村裏也有古井幾座，井水清涼，但帶有海水味。

面對着屋宇、門窗、以及庭院的遺跡，撫今追昔，我們應該把這民俗村的傳統文化，帶回後方，讓我們後代子孫們，不但知道維護保存固有的文化，且要發揚、繼承它。

回航

離開民俗村後，訪問團一行來到了碼頭。匆匆地來，又匆匆地去，每個人除了自己的行李外，又增加了不少金門的特產——酒和貢糖。眞可說是「滿載而歸」。

和送行的人話別後，就魚貫進入船艙。正午時候，船啓碇，駛向歸程。此時，天氣好像也爲了我們的走，而變了顏色海面上，吹著七級風。船，離開料羅灣後，搖幌得很厲害，風勢增強、浪也加大。

由於早上大家起得太早，下午都回到牀位，隨着波浪的起伏，搖搖擺擺地睡了個好覺。要不是五點鐘；擴音器叫着「吃晚飯」，怕沒人想起來。結果大家勉強起身，互相攙扶着進入餐廳。桌上的碗筷，被搖得搖來搖去，非在桌上墊以濕毛巾不可。伙伕說：「眞沒想到，這麼大的風浪，居然沒有把你們擺平？」「是呀！這就是風雨生信心呀！」

透過圓形的玻璃窗，可看到翻滾的白浪，不時拍擊着船身，使我聯想到「老人與海」的故事。書上曾描述：「海是仁慈的、美麗的、但也是善變的，而且說變就變。」的確，海，如果要變，我們無法使它不變，正如周遭的環境如果要變，我們亦無法使它不變。但是，我們必須堅定自己的立場，站穩脚步，才能面臨這「狂風巨浪」的考驗。

當大家沉默地，抓緊碗筷，在用晚餐時。一位老兵，操着山東腔，以堅定的口吻說：「希望下次，教授們再坐我們的船，回到天津，回到上海。」是的，只要我們把握住船舵、沉住氣，在這世局詭變的環境下，拿出「同舟共濟」的精神來，終有一天，會收復故土，揚帆踏上我們錦繡的大好河山的！

（民國七十年五月）

金城湯池

一個秋風送爽的早晨，懷着一顆朝聖的心，終於又踏上了金門之旅。金門，是看不完，也看不厭的；只要有機會去，我是絕不放過。

這是我第二次前往，坐的是軍機，乘着長風凌雲而去的滋味；和五月裏，坐着軍艦，踏浪而去的滋味，迥然有別，但內心的喜悅，却是相同。

當人們正開始一天的活動時，這架載着我們上前線的「飛虎」，早已呼嘯而起，劃破長空，直向臺灣海峽飛去。

飛離臺北，漸遠高雄後不久，銀翼衝破了海峽上空的雲陣。俯窗下望，但見一陣陣、一隊隊、一排排的朝雲，夾着萬馬奔騰之勢，向機身湧來。又像海浪般，向四方翻滾而去，眞是海天一色。那美麗的臺灣海峽，只有在想像中了。

在這高空，一杯清茶在手，看看當天的報紙；或是海闊天空的暇思一番，到也偸得浮生半日閒哩！

雲層厚了一些，可是由於飛機性能好，加之駕駛技術高超，讓我們雖身在雲層之上，却如履平地，毫無不適之感。

不到一小時的海上飛行，終於飛到了料羅灣上空，大家興奮的叫着：「金門到了！」

這神聖的堡壘，在海峽中顯得格外地突出，它屹立在此，正象徵着它那反共的決心。

飛機緩緩下降，四平八穩地降落在這個在電視新聞上，常出現的停機坪上。我們像貴賓似地，被迎接着。出了機艙，不禁深吸一口新鮮空氣、戰鬥空氣。精神爲之一振顯得格外抖擻。梯道旁，早已有好幾位着草綠軍服的戰地官兵們，在親切地和我們打着招呼。從他們古銅色的臉龐上、飛揚的神采上，以及那健壯體魄上，早已看出戰地士氣的高昂了。

早晨，從臺北起飛時，還是多雲的天氣，沒想到金門却是陽光普照的大好晴天。好幾位着西裝的男士們大喊上了氣象報告的當。

在接待室休息片刻，卽在戰地將軍——呂少將的親自引導下，開始了一天的議程。

× × ×

這次的來訪，讓我弄淸楚了：金門的馬路是由水泥做的而不是柏油，爲的是戰時可行戰車？路兩旁短小的高粱是改良品種，一年兩季收成，且由軍隊種植，交民間釀酒。金門的交通，通行無阻，井然有序而無空氣污染。金門的婦女都是刻苦耐勞，勤儉節用，家中卽使富有，也要外出撿柴、擔水、種菜等等，很多三、四層的洋房，都不是本地人蓋的，而是由華僑投資興建。

車行不久，來到了這舉世聞名的莒光樓，它是金門的標誌；也是戍守金門有功將士的紀念館。裏面陳列了許多歷史文物。

面對着這座巍峨壯觀的純中國式建築物，不禁令人肅然起敬，頂禮膜拜一番。歷年來，多少在砲火中奮勇作戰的無名英雄們，要不是他們的犧牲，怎會有今天的我們？怎會有今天這種安和樂利的生活。

大門進去，是簡報室；首先攝入眼簾的是先總統　蔣公所題的橫匾：「毋忘在莒」四個大字。美麗大方的金門小姐，按照金門模型上的圖示，爲我們如數家珍般地介紹金門的概況。

令人驚訝的是：原本荒島的金門，如今在軍民的通力合作下，已開鑿了許多人工湖泊（水庫），使得處處有電，家家有水；更驚訝的是教育發展之速，金門的在校生佔了百分之四十左右。「十年樹木，百年樹人」，這不得不歸功於歷任戰地長官的領導與軍民的合力灌溉。家境貧寒的學子們，還可以受到政府的補助，獎學金亦很多。

× × ×

其實，金門早在明清之際，文風很盛，同時還淵源於宋儒朱熹的渡海講學。後來日軍佔領金門後，學校停辦，文盲日多，文風才由盛而衰。民國卅八年多，國軍進駐此地後，即着手軍、經、政、教的建設。這期間，胡璉將軍在教育上貢獻最大，他曾確定一村一校的遠程計劃，並動用軍工民力，完成建校工作。金門因缺土，瓦都是由臺灣運去，可以說是篳路藍縷，慘澹經營。建校之初，最困難的是師資缺乏，幸賴軍中的支援，解決了師資問題。說實話，臺灣畢業的大學生，都不願意來過這種枯燥無味的戰地生活，因此，師資流動性甚大。但是，也有些老師是抱着犧牲享受，享受犧牲的精神，留在此地的，他們說：「我不怕敵人，敵人必怕我」，這種不屈不撓，孜孜不倦的教學態度，使得戰地的幼苗，才不斷地茁壯，可以說功不可沒，應拿終身俸才對。

× × ×

戰地的民族精神教育，是從小學紮根的。在車上，我親眼看到放學的小學生，自動自發地向路過的戰士們鞠躬。當車子經過一小學時，學生們也紛紛向我們車上的呂將軍鞠躬，令我們也沾光不少！

不僅是小學生，老百姓也是對待軍人必恭必敬的。開商店的，最喜歡做軍人生意，不像一般老百姓討價還價的，嫌麻煩。

在金門，隨處可看到紀念碑，或無名英雄銅像。校名、路名也都是在紀念有功的官兵。這是很好的民族精神教育，讓小學生看了，更能激起愛國的情操。

金門，無論在碉堡，在公園，在學校，都有着鼓舞士氣的標語：「獨立作戰，自力更生。」「堅持到底，死裏求生。」「躍馬提槍，迎接戰鬥。」「當復國的尖兵，作建國的工人。」等等，戰鬥氣氛瀰漫着全島。

「自己的道路，自己開」，金門的道路，都是由軍民雙手一石一土舖成的。尤其是那四通八達的地下坑道，眞是令人嘆爲觀止。堅強鞏固的防禦設施，更增加了反共復國的信心。

× × ×

在馬山前哨眺望一水之隔的大陸時，適巧一艘帆船出現眼前，船尾坐了一位着背心的漁夫。「我第一次目睹這樣的漁船哩！」一位年輕的教授說着，「是呀！在臺灣這種漁船，早已淘汰了，當然看不到。」另一位接着說。

隔着望遠鏡，我極目沿着海岸線望去。九月的江南，該是黃葉舞秋風的季節了吧？依稀中，彷彿聽到大陸同胞暴政下的哀吟。前些日子，電視上出現黃河氾濫的畫面又浮在腦際，眞是不敢看，也不敢想。

×　×　×

不知誰說過：「不到金門，不知金門的偉大；到了金門，才知道比想像中更偉大。」一點不誇張。

可容納千人的擎天廳，以及新近完成的迎賓館，花崗石醫院，都是從花崗岩開鑿而成，是人定勝天的明證。尤其是花崗石醫院，總計建坪八千百方公尺，裏面全是最現代化的設備。除了替三軍治療外，還有民眾病房，是免費義診的。由於依山開鑿，大收「冬暖夏涼」之效。

中午，我們在迎賓館，接受午宴招待，這個館是全部隱藏在山腹中的。要不是親身經歷，眞懷疑，在戰地還有這麼好的觀光旅館——咖啡間、閱覽室、西餐廳、中餐廳、休憩室，一應俱全。據說廚師都是一流的，是特別從軍中挑選的。這裏可以吃到南北口味的佳肴。西餐亦不遜於臺北的大餐廳。

青工會副主任徐抗宗先生打趣說：「每當被臺灣的空氣污染、或噪音喧囂時，就想來金門換換空氣，一方面接受革命的洗禮；眞希望每半年來次金門。」其實，他自己也數不清來過幾次，而且每次都是抱着朝聖的心情來的。

同行，有位鐘金湯先生，他是東吳大學微生物系教授；徐副主任特別把他介紹給在座的戰地官兵們，並幽默地說他是全世界都聞名的名人。爲此，這位名叫金湯的教授，當眾舉杯乾了三杯白乾——高粱。這也是一段佳話。

酒足飯飽之後，我們來到了光華廠。在空曠的草地上，空飄的汽球，早已打足了氣，等待我們去放哩！不一會工夫，那鮮艷奪目的國旗以及三民主義統一中國的大幅標語，早已冉冉上升，向青天白日飄去，愈飛愈高，愈飄愈遠。乳白色的汽球，遠遠看去，像是透明的白葡萄，一串串，一纍纍。霎時，就消失在天空了。

仰天長望，不知我放的那串汽球，所載送的青天白日滿地紅的國旗，會飄向何方呢？黃花岡上？中山陵上？天壇上？或是更遠的崑崙山上？內心的感受，眞非筆墨所擬。總之，我祈求，所有我們放出去的汽球，都能飄遍大陸各角落，這也是大陸九億同胞所企望的精神食糧啊！

每次來到金門民俗文化村，就有一種思古之幽情。我喜歡這裏古樸、寧靜的氣氛。如果我能擺脫俗務，眞想在此小住數日。

這片佔地面積一二三〇坪的文化村，業主是革命志士王國珍、王敬祥兩位先生。有十八棟二進式的古屋。處處雕樑畫棟，古意盎然。爲了維護先民文化資產的保存，經過軍民的苦心經營修建後，已頗具規模。聽說修補雕樑畫棟上的十多位工匠，都是七十歲以上的老人哩！眞是難能可貴。

民俗文化館共分禮儀館、喜慶館、生產館、武道館、休閒館與古官邸。內部保存了許多先民的文物，包括陶、瓷、竹、銅、古玩屛風、兵器、雜藝、漁具、書籍等。許多遺物，還是八二三砲戰時，從地下出土的，至爲珍貴。

這次承蒙民俗館謝總幹事的解說，我又再度參觀了第三排的禮儀館，傳說在當初建此房子時，有塊巨石狀如神龍，下雨時水特別往龍身流下，因此地理師（風水先生）特別吩咐王氏宗祠（現今之禮儀館）蓋在龍脈之上，惟恐神龍隨水而走，據說在金門，早年蓋房子，特別講究風水，惟恐將來影響家族人丁興旺，或事業興衰，地理師也很吃香。目前在館外的巷道中，眞的可以看到石型的龍頭，而館內放置祖宗牌位的下面，確有石型龍尾。而龍身正好由此館壓着，不讓她跑了，眞是「神龍見首不見尾」一時傳爲神話。這也是我第二次來到民俗館的收穫之一。

這正說明了金門的不凡，它不僅是「海上堡壘」而且是觀光「聖」地。

金門，您已名揚全球，使得共匪喪膽。

（民國七十年國慶前夕於華岡）

重遊溪頭

這是我第二次來到溪頭，是陪旅法華僑梓陵姐一家而來，仍然下榻於溪頭最大旅館——漢光樓。這是一棟全由木頭蓋建的四層樓房，別具風格。門前有一座用石頭砌成的曲橋，橋頭嵌有水銀燈，頗有情調，入夜後，四周高大茂密的杉樹，更是迷漫着一片雲霧，眞是如詩如畫。置身於此，令人有離世脫塵之感。因爲白天旅途勞累，不到九點，大家就已各自回房就寢了。

一夜好睡，清晨眼睛一張開，隔着玻璃就看到窗外一排排的杉樹伸展着枝葉，好像在歡迎着我：同時也在接受朝陽的洗禮。柔和的光芒，正透過林梢斜射下來。耳邊不時傳來嘹亮婉轉的鳥語。遠遠的青山，被薄似輕紗的晨霧環繞，整個落地窗，就像一幅國畫。

我一骨碌爬起來，拉開落地窗，走向陽臺，暫時把自己投向大自然的懷抱。我深吸一口新鮮空氣，眞是心曠神怡，消除了一身的疲勞。

匆匆梳洗罷，和梓陵姐相偕奔出旅舍，冒着清晨的絲絲寒意，漫步在這溪頭的晨曦之中。

說也奇怪，到了溪頭，却看不到溪水。觸目所及，却是青山翠疊，茂林修竹。難怪手執相機的松里兄打趣的說：「沒想到，溪頭除了樹林就是竹子，連一點潺潺的水聽都聽不到，這溪水之源頭到底在那裏呢？」眞是所謂：「不識廬山眞面目，只緣身在此山中啊！」

溪頭餐廳前面的庭院中，有一道拱形的竹橋，別致的是沒有一根橋柱。橋下也無流水，完全是用來點綴的：不過人走在上面，倒也能發思古之幽情，是拍古裝片的好地方。「咔嚓」一聲，松里兄已經搶了一張我們在竹橋上的鏡頭。

站在橋上，環顧四週，這時才眞正體會到所謂「萬物靜觀皆自得，四時佳興與人同」的人生境界。

新鮮的是：餐廳門前，種植了一株「方型」的竹子。凡是來此一遊的人，都要佇足在這「方」竹前觀賞一番。有一小節，特別光亮，想必是給好奇的人們撫摸之故。

竹，是溪頭的最大特產，它散生在山嶺之上，而竹類之一的「孟宗」竹，又是竹中最美的；來到溪頭，如不去欣賞孟宗竹，豈不白來？從溪頭餐廳到孟宗竹約兩百公尺路程，不算遠，當然要前往尋幽探勝一番！約二十分鐘，我們就已置身在「竹」的世界中，梓陵姐的三個孩子都在法國出生，從沒看過如此多的竹，他們載欣舞奔，又喊又叫，好開心啊！

竹，似乎與我國古代的文人雅士，有着不解之緣。詩詞中、繪畫中，以竹爲題材的，眞是不勝枚舉。尤其是大文學家蘇東坡說過：「寧可無肉，不可無竹。」難怪東坡居士是那樣的蕭洒脫俗哩！

竹，向有「君子之風」的雅號，而這孟宗竹竹桿尤其正直不阿，細長的竹葉，向四周散開，正是國畫中的韻味。

竹林之中有棟全用老竹搭蓋的別墅，上題有「竹廬」二字，好雅的名字！廬前的平臺上，有一老人正在低頭打掃落下的竹葉。「唰唰」的聲音，非常好聽，心想此人每天與竹爲伍，一定不俗！但願我也有一天能擺脫俗務，「到此」體會一下這兒的情趣！

從孟宗竹，再折回溪頭餐廳時，冬天的陽光，早已透過竹林的縫隙，把整個竹林染成一片碧綠。

在溪頭餐廳用完午飯後，便向大學池出發。據說有三條路可通大學池，基於第一次的經驗，爲了省時，我決定帶他們走九百公尺的一條。經過神木的那條路，只好放棄。

這是一條傍山而行的山腰小道，左邊風景非常雄偉；遠處是層巒疊嶂，近處是古木參天，綠蔭如蓋。約半小時後，抵達大學池。

這裏眞是別有洞天，一座弧度很深的竹橋，跨過池塘，好像天上的虹一樣。他的四周，杉樹、松樹倒影池中，頗富詩意，正是：「嵐影風光別有天，長橋疑是彩虹懸。」

聽說夜間，這兒有成千上萬的螢火虫，很多來此露營的學生們，半夜都來此欣賞夜色。天上的繁星和地上的螢火虫，正是相映成趣，頗有情調。可惜，我們要趕回臺中，否則一定來此夜遊一番，希望以後再來，讓孩子們看看這晚上會發光的玩意！

歸途中，梓陵姐說：「在巴黎近郊，雖然有很多觀光名勝之地，諸如楓丹柏綠宮、凡爾賽宮，但是都太人工化了，像溪頭這樣的地方，可以說還找不到哩！但願它永遠保持它那自然、純樸的美！」

龍山古刹

史學家張其昀博士曾把台灣文化的發展分爲八期，其中從康熙二十三年（西元一六八五）到道光二十二年（西元一八八二年），前後一百五十八年命名爲鹿港期。在這段期間，鹿港文化就是台灣文化的代表。尤其是從乾隆四十九年（西元一七八四年），鹿港正式開港以後，和大陸泉州的蚶江對渡，舟車輻輳，萬商雲集，成爲台灣第二大通商口岸。由於經濟繁榮，自然有餘力講究文化，加之受到大陸移民來台之故，一時人文萃薈，宗教興盛。所謂文開書院、龍山寺、天后宮，以及許多大小寺廟，就是在這段時期中興建的。

難怪外國的史學家、漢學家，來到台灣，總要前往拜訪一下鹿港。因爲在鹿港，眞正可以看到他們所想看的，收集他們所要收集的。外國人尙且如此重視我們的文化藝術，我們豈能予以漠視。

由於篇幅所限，本文，特別一提的是有着百年歷史的龍山古刹。

從香火鼎盛的天后宮出來，車在古老的街道，拐彎抹角後，即來到了全省最老的龍山寺。此地沒有天后宮的繁榮景氣，也無小攤販的擺設，但我却喜歡它的「古樸」與「寧靜」。

峩巍莊重的廟門，正是我們傳統建築的風格。一對雄踞於門前的石獅，及花崗石雕龍纏柱，更是彌足珍貴的藝術遺產，令人情不自禁，上前撫摸一番。尤其是這對石柱，一個龍頭向上，一個龍頭向下，眞是匠心獨運，耐人尋味不已。

寺前的兩棵老榕樹，依稀有着好久以前爺孫在樹下乘涼講故事的情調。那由石板鋪成的寬闊庭院，以及廟中古鐘、井藻、浮雕山水人物，在在都令人墜入時光的隧道，而令人發思古之幽情。

寺門的兩旁是白崇禧將軍題的對聯：「無我無人積善因而成勝果，大慈大願淨魔障以渡慈航。」頓時令人感染到一種濃厚的宗教的氣氛。正在尋思其中哲理，却傳來一陣悠揚的絲竹之聲。原來在進門的右側小堂屋內，一羣老人正自得其樂地彈奏着中國傳統的古樂——南管。一位年輕的歌者，端坐其間，隨着節拍，唱着古調。她夾在老人堆中，似乎不太協調。但是，她那不崇尚時髦，鑽研在傳統古樂之中的精神，是令人感佩的！

「鄭老師，你什麼時候來鹿港的？怎麼不通知一下。」

歌者突然起身，過來拉着我的手叫着。定睛一看，原來是阿妙！她吹得一手好笛子，大前年曾參加我所率領的梅花文化訪問團，赴模里西斯、留尼旺兩地演出。去年畢業後，她就從台北來到此地中學執教國樂。利用課餘來此寺廟，學習南管。眞是難得！

她看到我來，喜出望外，又吹奏了一段簫給我聽。但見在搖椅上彈奏三絃的古稀老人，閉目沈思，彷彿又在回味過去歡樂的歲月之中。

阿妙告訴我說，這些老人，都已兒孫滿堂，閒來無事，就聚集廟內，彈奏樂器，免費授徒習唱南管，對於培植新血不遺餘力。這是目前鹿港最負盛名且具歷史的聚英南管社，最早由泉州人創立，迄今已有一百九十年歷史。由於社會型態的改變，加之無人支持整理，使得這種傳統音樂日趨式微。六十九年，這個社團因應國家文藝季之邀，在台北國父紀念館公演，而又掀起了高潮，給他們莫大的鼓勵，欲藉此機會把這傳統古樂予以發揚。去年亦曾舉行過國際性第一屆南管會議，希望重振旗鼓，交棒給下一代。

它是一種眞正用古腔來演唱的音樂，研究音樂的外國學者，都喜歡來此收集資料；因爲來自中原的閩南語仍保有中原古音。「好好學，學會來台北教我。」我對阿妙說。

因爲去年我買了一個南管琵琶，是一位居住台南的老藝人，轉讓給我的。那時，他正陷於窮途末路，三餐不濟的苦境，聽說我對南管非常欣賞，又會彈奏琵琶，所以才風塵僕僕，連夜從台南趕來台北，把這把抱了一輩子的琵琶，轉賣給我這知音。據說，這是他親手製造的，木材是取自一座古廟的橫樑，至少也有三百年以上歷史。記得他臨走時，還在這把琵琶上摸了又摸，一如他心愛的朋友。唉！眞是令人感慨萬分——一個古廟的任意拆毀，及一個藝人的淒涼晚景！這責任該由誰負呢？

不過古蹟寺廟有幸與不幸，如今面對這座曾經歷經滄桑，却又幾度復建的龍山寺來說，居然成了台灣三大古剎之一，冥冥之中好像是菩薩的保佑，使它歷久不衰……。

據說這座古廟，最早始建於明永曆七年（一六五三），是採取北宋的宮殿式樣（有台灣紫禁城之稱），由台灣佛教開山祖輩善禪師所設計，後來到乾隆四十八年，重遷於現址，予以修復。所用木材、石料，全由福州運此，並延聘大陸名匠設計興建。睹物思情，這些精心傑作，都是由先人們血汗、智慧所凝成的。

最令人讚嘆的是：全由木塊重疊砌成的「八卦亭」，上面不用一根釘子，全靠材料力學的原理，予以撐住，實在是建築史上的珍貴資料。

大殿內所供奉的觀音菩薩、金童玉女、十八羅漢，以及壁上的雲龍雕石、人物走獸，無不栩栩如生，堪稱藝術瑰寶。

我曾經遊歷西歐，發現人家重視文化建設以及古蹟的維護，是不遺餘力的。他們所謂的文化，就是教堂。教堂，不正是他們祖先的智慧與心血的結晶麼？從教堂上的一石一磚，雕塑、繪畫，正可以激發人民對其祖先的熱愛，並增加民族自尊與自信心。

反顧國內，許多寺廟古蹟，靜座在巷中以及違章建築中者。不乏其數，有些甚至夾在菜市場中、髒亂中，任其自生自滅，殊爲遺憾。

就以這座規模宏大的古刹來說，它正代表了我國古代人民高度智慧和創造的才能。可是有多少人知道它的歷史價值呢？如果多做文字上的解說，必可達到宣揚文化的功效。

台北的龍山寺，香火鼎盛，每天來此朝拜者，絡繹不絕，但是它四週的環境之髒亂，實在是令人無法忍受。

在法國，對於古蹟的保存與維護，是設有專門文化機構的。他們是有計劃地收集資料，宣揚他們的國寶的；尤其是在古蹟的四周，絕對禁止建造高樓大廈，以礙觀瞻，這點是值得作爲借鏡的。

（民國七十一年四月於珊瑚潭旅次）

鹿港

——民俗文物館給我的感受——

這是我第三次來到鹿港民俗文物館；第一次是應彰化教育學院之邀，到該校演講而順道來此參觀，那屬於走馬看花式的，由於時間有限，未能仔細欣賞。第二次是陪旅居法國的好友梓陵姐一家去溪頭之前，來此參觀。結果，因爲看得太仔細，在一樓花的時間太多，等到上二樓參觀時，已是接近閉館時間，未能逐一欣賞。又是點到爲止。而這次，是應新聞局的邀請，隨作家訪問團一行，來此參觀的。基於前兩次經驗，這次，我沒在館前攝影，也沒在一樓逗留，就逕直登上二樓。

這座文物館外表看起來，是文藝復興式樣的西式樓房，但是裏面却全是陳列着臺灣先民們所遺留下來的珍貴民俗文物。

尤其是二樓，眞是包羅萬象，琳瑯滿目；從耳環、戒指、食具、旱煙筒，到服飾、傢具等等，都是先民們生活的縮影。從每一件文物，都可以窺見先民們的智慧與心血。所謂「民俗」，當然是以民間的文物爲主，很多東西，不是在故宮博物院歷史博物館可看到的。

最難能可貴的是二樓陳列室的一個玻璃櫥內有一幅大型的木製象棋被展示着，棋子之大如一個巴掌，眞是嘆爲觀止。這樣大型的棋子，是在大庭廣衆之下對弈鬥智用的。下棋的人，要用木棒推移，四周圍以觀衆，可惜棋盤已壞，僅陳列棋子，以誌其事。

象棋，相傳是唐朝牛僧孺所製，是我國民間主要娛樂之一，可以說是歷久不衰，是最好的消遣工具。記得，是我唸中學的時候，下了課惟一的娛樂就是彈奏樂器或是和家人下象棋，那種天倫之樂，是現在的孩子們所享受不到的，我曾經買了副象棋送給孩子們玩，可是時代不同了，電視的吸引力太大，誰有下象棋的閒情逸致呢？唉！這是文明的悲哀。家庭教育，似乎全由電視取代之了。

我佇立在這副古老的象棋面前，懷思古人，不禁感慨萬分。

這個陳列室的中間，有一個大型的玻璃桌櫃，上面陳列了許多民間老百姓身上所戴的裝飾品。可愛的是那些以銀器或銀與銅合做的戒指、手環。約有一公分寬的戒指，上面的圖案多以龍、鳳、龜、鹿、蝙蝠、鶴等爲主，看得出先民們愛美以及追求吉祥的天性。也有鑲了玉的，大概是富貴人家所戴。

手環，也有用藤製，大概臺灣產藤之故。不知是摩擦之故還是年代久遠，藤環已呈黑色，頗有古樸之風。據說這種藤製手環，深受一般老年人喜愛，因爲戴了它有降血壓的作用。其實，目前我國的手工業，爲何不多利用藤類製造一些裝飾品，銷到外國，因爲這才是代表東方色彩的玩意兒，想必比做成衣要受歡迎。

這個陳列室中的水煙筒，也是耐人尋味的。據說這種玩意，是從中原來的；從煙筒上縷空的「壽」、「喜」、「富貴」等字樣來看，先民們是很懂得生活情趣的。同時，從水煙筒的設計製造上看，先民們是充滿了智慧與想像的，因爲這個裝了水的水煙筒，其作用如同現在紙煙頭上的濾嘴部分一樣，都是爲了減輕尼古丁的毒害的。

清朝末年抽水煙的風氣很盛，不僅是男子抽，女子也照抽不誤，似乎和脚上的三寸金蓮有不協調之感。這可從一些畫像中看出，考究一點的銀製水煙筒，大都來自大陸中原、福建、廣東、上海等地。臺灣做的質地較差，形式也小，有些也是用竹子做的，簡單而拙樸。

在十三陳列室，一進門就看到一幅對聯：「鹿苑民俗存國粹，港都文物正人心」對得好極了，我特地抄錄了下來。

的確，鹿港是個古老的文化重鎭，到了鹿港，尤其是到了民俗文物館，眞正感染到濃厚的文化氣息。

這個掛有對聯的陳列室中，最引人注目的是一座「迎賓床」，又稱「仙床」，床架是用紫檀木所做；床板是用堅硬而細緻的烏心石木所做。中間鑲嵌着美麗的貝殼片，手工相當精巧。這種「床」，是坐臥兩用的，可以想像出賓客聊天時的悠閒。

太師椅，是倚着客廳的兩邊牆放置的。看上去，非常的莊重紮實。坐在上面，必須正襟端坐。

第二十二室，陳列的是民俗技藝，如布袋戲、皮影戲等，這些是難得一見的玩意。

看到一個個掛在櫥中的布偶，就使我想到旅居巴黎時，曾在一個很大的古董市場，看到一些布偶。據說是法國人特別來臺灣收購，再又賣給古董商的。想不到這些在臺灣似乎要淘汰的布偶，居然飄洋過海到了法國，都變成古董了，而且價錢很高。

法國人，是重視藝術戲劇的，尤其對東方的民間技藝，特別有好奇心。民國六十七年，臺北市亦宛然布袋戲的戲師李天祿先生，就曾在巴黎市政府文化部的邀請下，去到巴黎教了爲期一個月的布袋戲。眞沒想到，在臺灣已經少見的布袋戲，却變成了洋人的時髦玩意哩！

正如李天祿所說：「現在法國人用心地來學布袋戲，而臺灣的孩子卻不去學它、喜歡它。終有一天，臺灣的布袋戲會消失的。等到有一天，臺灣人想學布袋戲，反而得去法國學……」眞的，我們的下一代或更下一代，眞的要到巴黎去學布袋戲嗎？

用獸皮或魚皮所做的皮影戲，也是我國的民間技藝，它是中國人智慧的表現。根據最早的歷史記載，在司馬遷的史記中，曾提到西漢武帝的愛妃李夫人死後，武帝極其悲痛。他的大臣們就找了一名江湖術士李少翁，製作李夫人形像的影偶，而使武帝以爲李夫人的靈魂又重返人間。直到宋仁宗時代，皮影戲成了一種極爲普遍的娛樂，並以「三國」故事爲藍本，而在公開場所中表演。到清末，更是民間最流行的娛樂，而且有着教化的作用。

現在，由於時代的不同、社會的變遷，在我國盛行了千年的皮影戲，已無法和現代的生活配合而趨沒落。其實這玩意，應該是可以改良的，譬如皮偶、佈景、燈光、音響，故事，都是可以現代化的，只要保存它固有精神，應該是可以發揚的。就以中小學來說，他們的美勞課，何不傳授一些民間的技藝呢？

我認識一位法國漢學家，他曾到臺灣來蒐集有關皮影戲劇共一九八種，大部份是十九世紀到廿世初的手抄本，彌足珍貴。外國人尚且如此重視，我們豈能坐視不顧？

面對這些由先民們所遺留下的藝術，眞是感慨萬分。我們政府應該成立一個文化部，把民間的藝術收集起來。當然藝人的網羅，也是重要的，這些絕活要靠他們傳授啊！

民俗文物館的文物，可以說是五花八門，什麼都有，但是文字上的說明太少，這點是很可惜的。

世外桃源福壽山農場

在東西橫貫公路的中央，距梨山約五公里之顚的地方，有個風景如畫的農場；沒來過的人，是不會知道的。

這就是國軍退除役官兵輔導會所屬的「福壽山農場」！顧名思義，就是取其多福多壽，福壽雙全的意思。

農場土壤肥沃，氣候溫和，四周爲羣山環抱，古木蒼松，氣勢雄偉；它是在民國四十六年五月成立的。當年總統經國先生從開拓東西橫貫公路之後，曾翻山越嶺，披荊斬棘，實地勘察，在榮民的篳路藍褸、慘澹經營下，才開墾了這個高山農業資源區。

農場，盛產四季不同的水果，尤以蘋果、桃李爲主，可以說是現代的桃花源；但是這裏的榮民不是避亂閑居的；他們都是曾經叱咤疆場，身經百戰的退除役官兵們，如今解甲歸田，在這海拔約二千公尺的高山上，開墾種植，增產報國。剛開始時，他們跟着宋場長在此地只蓋了三棟木造房子，然後把他們的心血混合着汗水浸埋在這土地上，廿年了，終於獲得了另一種戰役的勝利成果。

放眼望去，都是結實纍纍的果實，據統計迄民國七十二年止，共種果樹九萬株，使原來荒蕪的土地，變成了和武陵農場同樣聞名於全國的「水果王國」了。

說是「水果王國」一點不誇張，當我們進入接待室廳取簡報時，U字形的會議桌上，每人面前放了兩個又大又甜的水蜜桃（表示福壽雙全）及一杯福壽山產的茶水。又碩大的水蜜桃，是宋場長一大早親自帶着弟兄們去果園摘的，它的特色是皮薄好剝，肉嫩水份多，放到口中就化了。想到這裏是榮民們親手辛苦培植的果實時，感動之情，油然而生。

宋場長看到大家都在吃桃子，連忙提醒着說：「腸胃不好的人，最好先喝茶，再吃桃子；不要先吃桃子再喝茶。」

可惜，他講完了，大部份的人已先吃了桃子。

簡報結束後，由作家夏鐵肩先生代表訪問團，致送一面「榮民之光」的錦旗給宋場長，並說了一段親切、簡短的話：「……在城市住久的人，心都變得狹隘；這次應邀參加華欣文藝作家訪問團來參觀輔導會所屬的森林開發處，武陵農場，以及福壽山農場，使我們有機會接觸到青山綠水，呼吸到新鮮空氣；尤其看到榮民同志辛勤工作，使我們深深體會到榮民們默默地在爲國家榮譽而努力奮鬥，這種精神都是值得讓大家學習的。同時在得到啓示與薰染後，使我們在精神血管中注入了強力的新生激素……」

最後夏先生還當場朗誦了一首「爸爸宋」。

爸爸宋，是宋場長應邀前往泰國指導農場開發時，泰國人對他的尊稱，泰王和所有泰國人都這樣稱呼他。

宋場長，祖籍山東，在此地一呆就呆了廿五年，長年的風吹日晒，難怪他紅光滿面，身體結實，神采奕奕，聲如洪鐘。

這裏的一草一木，都如同他的親身子女一樣，細心地照顧着。簡報完畢，在宋場長親自陪同下，帶我們參觀果園。一路上他講了許多先總統　蔣公及總統　經國先生當年來此勘察地形的小故事；譬如說山上松樹特多，當他們獲悉總統　蔣公要來山上時，特地派了三十名榮民來砍伐松樹、野草，以便於行走，然後他們找有水的地方休息，並做野外炊事，同時奉令先行蓋了三間木造房。

先總統很喜歡大自然的新鮮空氣，常獨自一人徜徉於青山翠谷間。民國五十五年，那時總統　經國先生，任國防部長，經常陪蔣公來此避暑，因爲他老人家認爲自然空氣比冷氣好，何況，在崇山峻嶺間，可以思索許多問題。

民國五十七年，在輔導會趙主任聚鈺的指示下，榮民們在福壽山的天池湖畔蓋了一座達觀亭。於民國五十八年舉行開幕儀式由經國先生主持，當時有三項指示，一、不需要武裝警備，因爲山上的榮民都是　蔣公的子弟兵、不必躭心安全而煞風景。二、是當天所有準備的菜肴，轉送榮民享用，自己只吃山上蔬菜、野味就可以了。三、晚上吃烤番薯和小米粥。

二層樓的達觀亭，原是供　蔣公遊憩之用，現已開放觀光。樓房的外表是木造的，而內部是鋼筋水泥的，夏季涼爽宜人。

一樓進門處，懸有　蔣公遺像，頓時令人肅然起敬。二樓的四周都是玻璃的落地門窗，視野遼闊；遠處的青山白雲，近處的松樹、果樹，一覽無遺；尤其是那一片「綠意」，令人賞心悅目，心曠神怡，使我低詠着王粲的登樓賦：「登斯樓，以四望兮，聊暇日以銷憂……。」

樓的前庭，植有一棵造形很美的松樹，大家拍照留念，這是個值得紀念的地方，可惜沒有任何文字的說明，一般觀光客是不會知道的。

中午，我們飽嚐了山間的土菜，而且是榮民們親手烹調的，其中最受歡迎的是高冷蔬菜；剛端上一盤就一掃而光，害得廚師再加一盤。

提到高山蔬菜，如果有計劃地生產、經營，將會有着光明的遠景的。自從美國蘋果開放進口後，山上蘋果的銷路已大不如昔。

至於桃子，每年成熟時，就受到山上野猴的偷吃，提到猴子，是最貪心的動物；牠伸出左手摘了桃子就在右手腋下，然後又伸出右手摘了桃子夾在左腋下，結果兩手再向上攀摘時，兩腋下的桃子都落在地上，碰爛了，不得已，就用獵槍來趕猴子。現在，已改用地網來捕捉猴子了，據說，猴肉燉來吃，蠻嫩的哩，使我想到廣東人吃猴腦的一道菜，不禁毛骨悚然。

臺灣的氣候，是適於種茶的，既然蘋果成本高，又難以與美國的進口蘋果競爭，何不以茶取代蘋果呢？但是好不容易長大的蘋果樹，砍伐掉，也是可惜。當初美國蘋果進口時，難道沒替這片果樹着想麼？

無論如何，位於山區的福壽山農場，只要配合國家社會需求，改善經營方法，在輔導會的不斷規劃下，一定會大展鴻圖，而且成爲一個吸收觀光客的好地方。

風景如畫的武陵農場

如果不是這次應邀參加華欣文藝訪問團，前往由輔導會所屬的宜蘭森林開發處、武陵農場、福壽山農場參觀訪問，我簡直是孤陋寡聞，不知道在這崇山峻嶺，有這麼一羣默默無聞的榮民弟兄們，整年與山林爲伍。他們辛勤地工作着，不僅把原始森林中的林木砍運下山，製材供應市場，更不斷育苗造林，使國家的森林資源生生不息，可以說是另一戰役的勝利成果。

我們在此住宿一夜後，今晨，在亮麗的陽光下，離開了青年活動中心，繼續下一站——武陵農場的訪問。

棲蘭到武陵

車子環山蜿蜒而行，峯巒起伏，山路險峻。所幸，駕駛李先生技術高超，使我們旅途一點也不覺顚簸，可以大大欣賞窗外景色。

車子在山間盤旋，觸目所及，不是青山白雲，就是蒼松翠竹，自然心胸爲之開朗。約十一點，抵達了風景如畫的武陵農場。

下榻新武陵國民賓館

我們下榻於新建不久的武陵國民賓館。

這是一座以木材爲主要建材的三層樓房建築，外表看起來有點原始的味道，但內部卻是現代化的設備。一樓有氣派而高雅的交誼廳，地上舖着大紅地毯，兩邊都是落地門窗，可以清晰地欣賞外面的風景。二、三樓有三十個套房，每個房間，都有很好的視野。

我和小民姐住的一間，正好是有山有水的一面，彷彿置身在一幅活動的山水畫中。

久住城市中的人，偶爾偷得浮生半日閒，來到這個纖塵不染的山中，與大自然共呼吸，的確是一大享受，而且可以忘却世俗的繁忙和緊張。難怪歐美人士，一到假日，不是上山就是下海，是有道理的。

中午，由該場羅場長春魁設宴款待，羅場長湖南人，個性豪邁，聲音宏亮。他首先舉杯一飲而盡，表示歡迎之忱，並且特別推荐遊覽「煙聲」瀑布。他說：

「……到了梨山，不到武陵，等於沒有來梨山；到了武陵不到煙聲，等於沒來武陵。」

於是酒足飯飽之後，在羅場長的親自陪同下，開始向「煙聲」瀑布出發。

但是前往煙聲瀑布之前，必須乘車經過約有兩公里長的菓園、菜園。

現代的桃花源

這個由國軍退除役官兵輔導會所屬的「農場」，位於大甲溪上游武陵溪畔，在榮民弟兄們胼手胝足的經營開墾下，已成爲一個世外桃源。車子緩緩駛入果園，但見梨樹、桃樹、蘋果樹，已結實纍纍，一片欣欣向榮景象。如果是三、四月來的話，那正是陶淵明「桃花源記」所描繪的：「……忽逢桃花林，夾岸數百步，中無雜樹，芳草鮮美，落英繽紛。」

據說「武陵」這個地方的發現，也是偶然中的事；二十多年前，橫貫公路初開不久，在深山中發生火災，駐在梨山的山地警察立刻組成救火隊去救火；於是，就發現了這個與世隔絕的「桃花源」，那時滿山遍野盛開着杜鵑花，以及不知名的花，無風無雨，顯得特別安寧；天空有飛鳥，河中有游魚，於是，「武陵」之名傳了開來。

但是這裡的「武陵人」，不是桃花源中避亂閒居的人，而是憑着「人定勝天」的力量，在此辛勤工作，努力增產的人。

目前，正是水蜜桃結實，肥潤欲滴的時候，而那些帶青的蘋果、水梨，要到秋天才相繼成熟。

看吧！那些蘋果就好像他們的子女一般被照顧着，外面還套着紙袋，「爲什麼蘋果要用紙袋包着？」我問一位農友，「那是用來防止黑星病和蟲害的，同時使蘋果的顏色均勻，否則太陽照到的地方特別紅，照不到的地方就不紅了。」「什麼時候把紙袋除去呢？」「大約蘋果採收前十天左右，這樣使蘋果的顏色更美。」

「武陵」是個得天獨厚的地方，據說日本農業大學的教授們曾來觀察，說這個地方有三好，土好、陽光好、水好，原因是四周被崇山峻嶺所環繞。

相信，只要不斷的規劃、開墾，必可創造出新的美景。

位於山坡的大片高冷蔬菜區，由於空氣清新，加之泉水冷冽，特別甘美香脆，已成爲大家爭相購買的「搶手貨」。近年來已大量採用機器操作，生產企業化；成本低、利潤高，前途大有發展。

車行經過一泓溪水，羅場長指着水中露出的一塊大石頭說：「先總統 蔣公曾坐在這塊石頭上垂釣！」大家都好奇地把頭伸出窗外看看。遙想：一代偉人在此一邊垂釣，一邊思索國家大事的情景，是一幅多麼感人的畫面啊！

煙聲瀑布

不久，抵達青年活動中心，下車分四個梯次乘坐小型巴士上山探訪煙聲瀑布；這段山路曲折迂迴，崎嶇不平，只能容納一輛車，單線行駛。步行上去的話，來回要一個小時左右，一路風景宜人，盡是蒼松翠柏，茂林修竹。

從高處俯視農場，但見農莊、房屋散佈在果園之中，一幅「阡陌相通，鷄犬相聞」的田園風光。

但是，這兒的人不是老死不相往來的，方才經過農莊時，曾看到有這麼一副門聯「老驥伏櫪，志在千里，反攻令下，跨海平魔。」現代武陵人的豪氣，由此可知！

車子沿山路而行，突然在一個長型的平台停下，耳邊響起嘩啦嘩啦的水聲，抬頭一看，一條銀帶正從前面的崖壁上涓涓而下，落在水塘中，水花四射，煞是壯觀。左側壁上鑄了「煙聲」兩個紅色大字，是趙恆惕先生所題。

「煙聲」，多富有詩意的名字，也許這是個不同凡響的瀑布，它一瀉而下，水氣飄渺，如煙如霧，但又有聲，故以爲名，我沒去過廬山，但是看過廬山的瀑布圖，彷彿和煙聲瀑布相似，記得李白有首詩：「飛流直下三千丈，疑是銀河落九天。」就是詠的廬山瀑布，不也正是煙聲瀑布的寫照麼？

據說先總統 蔣公生前常來此遊憩，這裡有個樸實的茅草亭，想必是他老人家的歇脚處，大家在此拍照留念。

可惜，亭中沒有任何文字記載，一般遊客不知道的話，就錯過了這個機會。

歸途中，經過七家灣溪邊的公園，園內巧遇三位老先生圍着石桌或下棋、或飲茶，談笑風生，怡然自得。本以爲他們是武陵人；一問之下，才知道他們是三兄弟，最大的高齡八十四歲，最小的也有六十五歲了，家住板橋市，特地結伴來度假的，眞稱得上「神仙」兄弟啊！

黃昏時候，武陵別有一番風味，農友們日入而息忙完了一天農事，回家享受天倫之樂。是這麼和諧安祥，正是某農莊的正廳中由鄭坦孚書寫的詩：「劣林應變更，則富乃滋生，滿谷歸田樂，武陵慶有成。」的寫照。

武陵的夜晚，特別富有情調；一輪明月松間照，一灣清泉石上流，如此良辰美景，眞不忍入睡。

交誼廳中，部份文友們正揮毫表演書法，詩人羊令野先生題了副「煙聲且洗耳，松韻可清心」的對聯，送武陵賓舘留念。洛夫先生則書「煙有聲音，樹有情」，眞是詩興大發，使我想到午飯時，在座司馬中原先生所欣賞的一副對聯，我特別記了下來：「無弦琴得意中趣，有酒詩發天外情。」眞太好了，只可惜，我沒把家中的古琴帶來。

這次有幸隨文藝界前輩，以及文友們來到這個山明水秀的地方遊玩，雖然僅短短的一天，却受益不少，特撰此文以爲紀念。

（民國七十三年五月）

摩耶精舍印象記

端午節的前一天，我們一行五人，隨同彥公及其夫人前往座落於外雙溪的張大千紀念館摩耶精舍參觀。在接待人員熱忱詳細的介紹下，使我們留下了深刻的印象。

歸途中，順道經過紅寶石酒樓，由彥公作東請大家飲茶。席間彥公建議以摩耶精舍為話題，各人發表一下自己的感想。

「翰萍，說說你今天印象最深的是甚麼？」

彥公首先問他的外孫女朱翰萍。

「我印象最深的是客廳裡張大千的蠟像，好像啊！猛一看好像是眞的，差點把我嚇一跳，尤其是他的頭髮，鬍鬚。」

原來翰萍對身着藍色長袍，俯案執筆的大千居士的蠟像有興趣，特別是那束美鬚。

「還有，我發現他臥房的梳粧台上放了一把小剪刀，大概是修剪鬍鬚用的吧。」她接着說。

翰萍從小隨父母在美國居住，近年來父母親爲了讓她學習中文，特地把她安排在國內求學。今夏高中畢業，已申請美國柏克來大學，攻讀建築繼續其父衣缽。

「對了！還有那副特製的金邊眼鏡，掛在鼻樑上，好有趣啊！」翰萍突然又想起來了說。

我的雙胞胎女兒平平、安安不約而同地應和着，并好奇地問：

「那副眼鏡是不是就是他本人的呢？」

「平平，你的印象如何呢？」彥公笑着問平平：

平平想了一想說：

「我喜歡庭院中跳來跳去的猴子，好可愛啊！還有畫桌旁邊所掛的一排由大到小的毛筆，其中有一枝又長又粗的灰白色毛筆，好像大千的一把大鬍子。」

我們聽了哈哈大笑。

「畫桌上，面朝蠟像的長臂猿標本，好像眞的一樣。」

據說大千居士最喜歡猿猴，這隻長臂猿的脾氣最壞，只有大千居士可以馴服牠。因此，特地將牠和蠟像擺在一起。

「安安，你講講看，你的印象呢！」彥公又問：

「我欣賞客廳裡，張大千和畢加索合影的兩幀黑白放大照片。眞是難得，一位是西畫大師，一位是國畫大師。」

我忙解釋說安安對畢加索有興趣，是因爲她也喜歡繪畫。她姐妹倆雖然學的是舞蹈，但是一個偏愛音樂，一個偏愛繪畫。

提到畢加索，使我想到大千居士生前曾經說過的一段話：

「畢加索是我的老友，雖然他是西畫大師，但是他却多少受了齊白石的薰陶。」如果此話屬實，那麼，眞正一流的藝術應該在中國才是。

「其實，中西文化藝術達到了最高境界，都是可以互通的。」在座的名建築師，朱祖明教授終於開口了。他是翰萍的父親、彥公的三女婿，因爲他學的是建築，所以他對摩耶精舍很有興趣，尤其是庭院的設計，他說：

「大千居士在庭院上，的確化了一番心思，從院中的一草一木，小橋流水，亭台樓閣，以及各式各樣的松樹盆景來看，他是一位很懂得生活情趣的人；他是個精神生活重於物質生活的人。」

「還有，我發現室內的佈置，無論窗簾，地毯，都是以綠色爲主哩！」翰萍邊吃河粉邊說：

「那是因爲大千居士眼疾之故，多看綠色比較好，」他父親接着說。我們邊吃精美的廣東點心、邊飲茶，邊聊天，談興愈來愈濃。

「你覺得室內的設計如何呢？」彥公問女婿。

「室內的設備，如傢具、櫥櫃、餐桌等都不是頂考究的；我相信他把所有的經費用在庭園上了。就如同一個讀書人把所有的經費花在書籍上一樣。他的庭院、盆景也就是他個人的作畫靈感泉源。可惜庭院的空間不大，使得許多名貴的奇花異石都擠在一塊，不能施展開來。換句話說，不能錯落有致地擺設。有許多的東西，如巴西的美人蕉、珍禽和石凳、華山的茶樹，都是從國外運回的。對大千居士來說，都是他的生命。」

彥公側過頭來問我：「以你文學的眼光來看，有什麼感想？」

「我覺得客廳內，玻璃櫥櫃裏的一大堆線裝書，引起了我的注意。後來參觀臥室時，也發現其床頭櫃上放了幾本唐詩，使我嗅到了濃厚的書香味。也使我深深的體會到做爲一個藝術家必須具有詩，書，畫的修養。但是，對這樣一位國畫大師，應該要印製一些中文的簡介送給每位來參觀的人；目前只有英文的，是供國外遊客之需。但是每天來參觀者，還是以中國人居多。記得以前看過一幅大千居士的「萬壑重巒」圖，是描寫雲山萬里，氣象非常磅礡。這幅畫如果已印製成明片的話，不妨放些在館內，出售或贈送給仰慕他的遊客，以廣流傳，想必更有意義。」

「我覺得亭柱上面大千居士親署的一幅對聯：『獨自成千古，悠然寄一丘』蠻有韻味。」彥公說。

接着我們大家要求彥公講講他的感想。

「一切都好，比想像中還完好，今天很有收穫。」

「您印象中最深刻的是甚麼？」我問。

「我覺得大千居士的幾根拐杖很有紀念價值，令人有睹物思人之感。你們怎麼沒有把它拍攝下來呢？可惜！」

這時彥公又側過頭去問他的夫人：

賞。

「說說您的印象吧！」

「我欣賞池子裡的錦鯉，好可愛呵！還有餐廳裡壁上掛的菜單。」

「對了，我還拍下來了」平平得意非凡地說。

這是大千居士宴請張岳公等貴賓的菜單，特別書寫在宣紙上配以鏡框掛在壁上，供人欣賞。

「大千居士是有名的美食專家，我吃過他的菜，的確是不同凡響。」彥公說。

「我手邊就有一個專欄作家聞見思（邵德潤）寫給我的燜黃牛肉秘方。」我說。

「啊！是甚麼秘方呢？可不可以公開。」彥公夫人問。

「當然，好像是切塊的牛肉三斤，花雕酒半斤，花椒十或廿粒（紗布包好），鹽、薑、葱少許。滾後，小火燉四小時。」

「好極了，下次去你家吃這道菜，好嗎？」彥公笑着說。

又是一陣喧笑聲。

我想，凡是一個政治家、外交家、藝術家、沒有不懂得「吃」的藝術的。

因為中國人的吃，很注重火候，一如人的修養，彥公對吃，也很講究，他家的廚子老李之所以能做一桌佳肴，就是由彥公及其夫人調教出來的啊！

彥公是位風趣的長者，在席散後，大家向他道謝時，他却笑着說：

「你們回去好好把張大千菜單研究研究，以後讓我品嘗吧！」

卷二 香舍里榭一瞥

穿過羅浮宮花園，即到達世界有名的協和廣場（Concorde）。廣場中間的石碑聳立於水銀燈光，拔地而起，甚爲壯觀。據云此石碑係腓力普在征服埃及時用船拖運回來之紀念物。其形如「且」字，即吾國「祖」之象形字，有七十五英尺高，係崇拜祖先之義，其上刻有許多埃及象形文字。站在石碑前面放眼望去，正對着氣派雄偉的凱旋門，因它地勢較高，又被照明燈照得益發宏放，好像近在咫尺，其實中間還隔着一條單直寬闊的香舍里榭大道哩！大道呈坡形，車燈密佈，來往交錯，遠望如繁星閃爍。大道有一百五十碼寬，除了人行道外，據云可平排行駛十輛車，道路之寬由此可見。兩旁行人道均植高大樹木，林蔭夾道。夏天坐在樹蔭下的休息椅上，一方面可以乘涼，一方面又可以欣賞夜景。一輪明月透過樹梢，它和街燈、車燈、以及商店廣告招牌的霓虹燈，眞是相映成輝。此爲巴黎之心臟區，車水馬龍，繁華景象，可稱世界之冠。據云法人亦以此道爲傲。朝着凱旋門，漫步在靠右的行人道，經過了有名的大使歌劇院；有名的費加洛報館後，即是各大百貨時裝公司、電影院、咖啡酒座等商業區。人潮洶湧，滿街「人頭」，此時正是觀光季尾聲，還可以看到來自各地的人種。愈接近凱旋門愈趨熱鬧繁華。櫥窗擺式，新穎別緻，光彩奪目。夜間不營業的商店，仍然把櫥窗照得通亮，供遊客玩賞。尤其衣飾皮鞋之考究，亦爲世界之冠，迷你裙早已絕跡，代替的是又寬又大又長的孕婦裝；皮鞋的種類繁多，以手工精巧取勝。女人皮鞋似乎又恢復尖頭形，但和十年前所流行的尖頭是不同的，原因是最尖的地方又削平了一點，這就是所謂的「流行」吧！電影院、歌劇院是人們的娛樂場所。電影院門前的大型劇照，吸引不少遊客，商人爲了招攬觀光客，不惜張貼大膽作風的「色情片」劇照，簡直不堪入目，冷眼旁觀西方道德之「沉淪」，眞有「世風日下，人心不古」之慨。

大道的左邊大都是航空公司、旅行社、銀行等，晚上都已熄燈休息，因此沒有像右邊的街道那樣人來人往的繁華熱鬧。大道兩邊的行人道相當寬闊，約有三十碼寬。有好幾家露天咖啡座（多天則在玻璃房內）。這些咖啡座眞可說是各地遊客之集中地，濃粧艷抹，着貂皮大衣者有之；油頭光面，西裝革履者有之；披頭散髮，滿面鬍鬚，着牛仔褲者有之；男女不分者有之……這眞是一個自由的社會。在霓虹燈的閃耀中，令我迷惘——有人在此揮金如土；有人在此沉緬舊夢；有人在此編織理想；有人背井離鄉在此討生活——這眞是個形形色色的萬花筒。歸途中，月亮已落在巴黎舊式的古老屋頂上。這時沒有古人那種「欲上青天攬明月」的雅興；却有「月亮掉在屋頂上，屋頂沒破，月亮也沒破。」的俗氣！

漫談巴黎的「地下鐵」

作者來到巴黎迄今已快四個月了，似乎沒有一天不坐「地下鐵」，法文稱 Métro，印象至為深刻，這是一種又便宜又經濟又快速的交通工具，路線很多，又不受地面交通擁擠的影響，可以迅速到達你要去的目的地，而且有所謂的「星期票」出售，不必每次買票，比普通票便宜，但必須在規定的日期使用。從自動驗票機進了月台後，只要你不出站，執一張票盡可以換車，而不加票價，但必須懂得看圖，先找好換車點，及車行方向，不可胡亂上車，繞大圈子。最好隨身攜帶地下車路線圖；那是用不同顏色分別路線站名，換車點的地圖，有了它，才可以知道你所要去的目的地是在那條線？應在那一站換車？且可以知道自己係在這條線的那一站，要經過幾站才到。當然每個大站貼有明晰的路線分佈圖，只要按一個要去的地名電鈕，你要去的線路即由亮燈指示。巴黎的地下鐵全長一六九公里，有十四線，三四四停車點，一二二個換車點，其中最長的線上有卅六個站。每個月台上也都掛有換車路線的牌子。車廂內兩邊門楣上也有每站乙名點線。站與站之間的時間普通為一點四分鐘。地下鐵之速度以每小時二五公里進行。目前正在造到郊外的線路，隧道挖得很深，戰時可以躲警報用。車廂有新式舊式兩種及頭等二等之分，係用中型寬軌，六〇〇伏特電力，有的新車用橡皮輪，平穩舒坦。

初來巴黎坐地下鐵，最喜歡隔着玻璃欣賞每站月台牆壁上的巨型廣告，整齊而統一的格式，宣傳着不同的商品，包括服飾，飲料等。你可以知道今年最流行的服裝款式，其顏色之柔和，模特兒臉上之表情，均予人有賞心悅目之感。飲食方面攝影技巧之逼眞生動，眞是令人垂涎。大大收到宣傳之效果。欣賞風景也是一大樂事，當地下鐵穿到陸上的高架鐵橋時，兩旁的景物立卽攝入眼簾，視界爲之開闊。尤其穿到塞納河上的高架鐵橋時，景物宜人，美不勝收。這是有名的高級住宅區，各行商號，街道兩旁樹林，地面上的汽車，都在眼底飛逝。尤其在冬天，可以欣賞到覆蓋在屋頂上、樹梢上的雪景，鐵塔也遙遙相望。但地下鐵在陸上的行駛距離不長。據統計，地下鐵在陸上的高架橋只有九・六公里長。在塞納河上的高架陸橋 Viadue 只有三個，而穿過塞納河的隧道就有五個。地下鐵車站有大、有小，大的設有書報攤。每個月台都有自動糖菓販賣機，只丢一兩個法朗，就可以取到你所要的口香糖之類。每個轉站的地方有上上下下的甬道，而甬道兩邊牆上亦滿滿張貼着各類廣告，諸如電影預告及時下歌舞演出之廣告等。人們川流不息於甬道。甬道中偶爾會傳出一些手風琴或小提琴，吉他的聲音。一個戴着墨鏡的中年人，每天坐在固定的角落，拉着古老的調子，乞求人們經過時丢下一個銅板在他的鐵缶中；一位駝背的，白髮皚皚的老媪在另一甬道自我陶醉地拉着小提琴，然而匆匆趕路的人們誰有閒情去住脚聆聽呢？到是一些年輕人組成的爵士樂吸引了不少羣眾。法國有些人是嗜酒如命的，他們不辜負上帝的美意，做個酒國公民，這可以在月台上看到，一些醉漢東倒西歪地和衣臥在候車的長椅上，有的呼呼大睡，有的胡言亂語，酒氣醺天。坐地下鐵行動一定要敏捷，稍一遲疑，車門便自動關上，你就被摒棄在車門外，等下一班車了。地下鐵最擁擠的是上下班的時間，月台上滿是人，車一入月台，進口的又厚又重的大鐵門便自動關上，門外也擠滿了人，等車開動了，鐵門又自動打開，後來的人才又魚貫入站，這是防止恐因搶車發生意外的安全措施。爲了配合上下班時間，班次也隨着加多。目前，夜暮遲遲不肯下降，九點以後天才黑，人們不覺得夜來了，八點多搭車，竟也擠得像沙丁魚似的。何以車子如此擁擠呢？據云，巴黎市區鬧房荒，租金昂貴，人們住在郊區者多，因此一到下班時間大家都從城市疏散到郊區，而地下鐵很快就把人們送到巴黎邊區，然後他們再開車回家，比租房子便宜，難怪車廂擠得滿滿地。不知誰說過：「只有在擁擠的車廂內，人的心才是貼得最近的！」這豈不是對現實社會一大諷刺？擠車也有秘訣，當車內人多時，不要面向裏上車，要背轉身，用背把車內人往裏頂，而后把着車門。

據云巴黎的地下鐵第一條東西線，始於一九〇〇年，第二條南北線始於一九三〇年，是第二個有地下鐵的國家，僅次於英國倫敦。倫敦地下鐵始於一八六三年，開始時係用蒸氣，而巴黎一開始卽用電動，其他如雅典、西班牙、德國、美國……等相繼使用，美國方面，本人不太清楚。僅以歐洲來說，巴黎的地下鐵最爲方便，是公認的。

巴黎市區雖也有其他交通工具，如私家汽車、的士、公共汽車，但都不如地下鐵方便，私家車常常爲了找停車場地而煩惱，如果停的不對，要罰款，而且罰得很重。至於「的士」，其車資之昂貴，非一般人所能問津的，它似乎成爲一種奢侈的交通工具。搭公共汽車比較經濟，任沿途逢站必停，有紅燈處必須受控制，因此時間無法把握，常常誤了車。基於以上種種，地下鐵是被廣大的人們所喜歡的。

聖母院隨筆

堂外

凡是到過巴黎的人，沒有人不知道聖母的。當塞納河上的遊艇遊到此地時，總要逗留半天，供遊客瞻仰拍照。不僅因她擁有九百年的歷史，更重要的是她是法國文學家威克多雨果筆下的「鐘樓怪人」的故事發生地。而近代所拍的「鐘樓怪人」電影裏，百分之百用聖母院作背景。當你遠遠看到那高聳的兩座平頂型鐘樓，便會想到安東尼昆所扮演的那粗獷的駝背人！

當我第一次瞻仰聖母院的正門時，確實被她的雄偉所震憾！這座中世紀古老的教堂，簡直像座大山，又像匹巨獸，高高地聳立在巴黎塞納河的城島上，作了巴黎的心臟。有人說：「法國有很多中世紀的教堂，有的甚至比聖母院的年齡還要老，爲什麼偏她就這麼有名呢？」

她的龐大，莊嚴，宏偉，造型結構奇特，不就是答案了嗎？

聖母院的建築史，據說是相當複雜的；她開始興建於西元一一六三年，工程先後延續了一百多年，直到一三四五年才算正式完成。從此她也像人一樣，歷盡人世滄桑；有光輝榮耀，也有悲慘的創傷！

首先讓我們來看看她的外表吧，它夠得上是歌德式的建築物。而她的正面建築却有點像回教或佛教的廢廟。

她的四週外牆上都嵌裝着不同的雕像。在四方形的正方建築上頂着兩座巨型的縷空花的鐘樓，遠看如同巨獸的兩個角。每個鐘樓約有五十二英尺高，一萬三千公斤重。鐘樓的天花板被那些細細的柱子撐着。

兩座鐘樓的脚下正中間，有個直徑約三十英尺的菊型彩繪玻璃窗，它被左右兩個小小的橫窗護着。玻璃窗的前面，立着聖母及聖嬰，天使的石塑像。

彩繪菊形窗下面，是一長排二十八個穿着繡花袍子的帝王神龕。雕像下面，開了三個相連的凹進去的拱形大門，每兩扇門的中間有巨大的塑像。中間的拱門上是耶穌的石雕像，而十二門徒則分立於兩壁上。無論牆柱上，壁上，都是聖經上，教會史上的人物塑像。大大小小的雕像塡滿了整個門、牆，不讓它有一點空白。這大概就是所謂的石頭文化吧？

建築物兩邊的屋簷是許多石塑的怪獸。（據說可驅魔）牠們的頭伸向檐外。天雨時，屋頂的積水怪獸的嘴巴流出，不致浸污牆壁。這種用各種獸類做成的屋簷傳說在我國漢朝就有了，不知是否西方仿效中國，抑人類的智慧不謀而合？

古時無水泥，鋪一層泥土，砌一層大石塊，整個教堂，就像堆積木一樣，慢慢堆起來的。雖是堆積，可是一點不混亂。這些拱門，鐘塔，尖閣，屋簷，以及壁上各種的雕像，可以說是一首巨大的石頭交響樂，足以代表一個世紀的藝術、文化了。總之，一種人類的創造力，像神的創造力一樣，強壯而豐富，眞實而永恆。看來，古來的祖先，無論東方、西方，都是那樣地醉心於藝術。反觀現今只有聲光、電化物質科學的追來，而忘了精神文明的創造。若干年後，精神文明的匱乏，眞不敢想像。

中世紀的藝術，除了時間剝蝕了它的表面，最大的致命傷是政治和宗教上的改革。剝掉了它的雕刻的袍子，打破了它菊形的窗，搗毀了她的神像。據說法國大革命時，除了正門的那聖母塑像未受損傷外，其他的石雕像都被炸毀。至十九世紀，拿破崙時代，才又把毀壞的重新改造。可憐，時至今日這些莊嚴的藝術仍是傷痕斑斑，印烙着人類的歷史痕跡。

堂內

堂內相當大，有四百二十七英尺長；一百一十五英尺高，一百六十四英尺寬，如同一個大的羅馬會議廳。一進堂內就有香火不絕的氣氛。兩壁都設有聖燭台，善男信女們許願時，或活着的人悼念死去者，都可以自由奉獻一支聖燭，只見那熊熊燭光，把壁上的聖母像燻成了灰黑色。

廳堂的頂完全靠那些用長方型或圓形的石塊砌成的大柱子撐着。因爲沒有橫樑，屋頂外面兩邊是用許多柱子斜斜的支撐着。

從門口到祭台的兩旁，各有十根粗大的石柱，每兩個柱子中間有一個吊燈。（由於堂內空間又高又大，故有陰涼之感），四壁的許多雕塑有石刻的，大理石刻的，甚至有用金子銀子和蜜臘鑄成的。最特殊的是那些各式各樣的彩繪玻璃窗，上面鑲嵌着不同的圖案以及聖經上的故事。

祭台兩邊壁上嵌着兩面直徑約四十英尺的玫瑰彩繪玻璃圖形窗，它是以藍、紅色爲主。據說這種彩繪玻璃現在已不能製做了，因此非常珍貴。二次大戰時，爲了怕把玻璃炸毀，特地將它取下收藏，至大戰結束後才又裝上。所有的彩繪玻璃在屋外看去是一片鐵灰色，一定要在屋內才能看得出其鮮明的色彩。

祭台最早是伸入後壁的，後來由於彌撒儀式改了，才把祭台移出來，而盡頭靠牆部份則奉爲聖母堂。祭台的正中，從屋頂懸下來一個圓型的大吊燈，它是兩層的蠟燭式的燈管。正對祭台的天花板上有個聖母抱着嬰兒的浮雕。

堂內的座位都是用籐及木做的，成丁字形的排列。因場地太大（除了望彌撒的人還有很多是來此參觀的遊客），主祭者必須用麥克風誦讀經文或禱詞，儀式莊嚴肅穆。可惜來望彌撒者大都是白髮斑斑的中年以上人士，而年輕人則很少，可能是時代潮流所趨，年輕人對宗教已不感興趣了。看上去，遊客比信徒多。

由於教堂是國有的，因此經常利用此場地舉行演奏會、音樂會等。我曾經參加過電子琴的演奏欣賞會，那眞是「立體」的音響效果。由於免費，人們都湧向堂內，要把自己眞正溶在樂曲中。

音樂的力量是非常驚人的，許多年輕的大學生，毫不拘束地就坐在祭台下的紅色毛絨地毯上，等候那震人心弦的聖樂。一會兒整個教堂是座無虛席了，一旦演奏開始，全場鴉雀無聲，全神貫注地聆聽由樓上傳出之美妙音樂。整個堂內沒有旋律以外的聲音，如此龐大的公共場所，（據云可容納九千人），沒有人維持秩序，而有這樣的效果。歐洲人之公共道德不得不令人佩服！間或有一些老嫗，打扮得整整齊齊，如參加盛典一般，在望過彌撒之後，就留在原座聆聽音樂；有的索性就獨處一角，打個盹兒。可憐他們的丈夫大都在大戰期間陣亡了。如今靠着國家的撫卹及養老金在渡殘生。好在，她們已是孤獨慣了，但這景況是淒涼的（想像中歷代國王在此加冕的神聖儀式，其盛況眞是今非昔比。）

廣　場

走出堂外，廣場上有不少大大小小的鴿子，在地上啄食。草地上也聚集了一些載歌載舞的青年男女，吉他聲，鼓聲瀰漫在空氣中，他們長髮披肩，奇裝異服，彷佛是來自另一個世界！

堂是座東朝西而建的，因此黃昏時刻最爲美麗，夕陽照得正門一片金碧輝煌。可惜秋天的黃昏消逝得太快，五點多鐘，天就變得灰暗了。此時路燈尚未亮，望着那飄向塞納河的落葉，再傳出那教堂的鐘聲，最是令人感傷。那噹噹的鐘聲，在這秋季裡更是令人感到時光之匆匆。面對這片廣場，歷任法故總統的喪禮不都在此舉行的嗎?當時各國首要也都風雲際會駕臨此地，借着參加葬禮而談論世界局勢。如今，時過境遷而鐘聲依舊。人事的飄忽，生命的無常，怎不令人感慨啊！

這座方形的廣場前面是警政廳，右首是座醫院（譯爲神的旅館），左邊是塞納河。因爲廣場可以停直升機，對於鄰座的公立醫院在急救時，有很大的幫助。

由於聖母院在巴黎的中心位置，因此她是計算里程的標準中心點，無論由那兒到巴黎的距離，都是以廣場上嵌着的那個銅質的圓心爲計算起點。

爬到鐘樓頂上則可鳥瞰整個巴黎，諸如鐵塔，凱旋門，羅浮宮，蒙巴那斯商業大樓及有名的大型建築都可一覽無遺。因此無論在地理上、政治上、宗教上以及文化歷史上，聖母院都佔有極重要的地位。

梅花香溢印度洋

等待簽證的消息，就好像颱風要來前的那種平靜，簡直不知道會發生什麼樣的變化。

我們從七月中旬等到七月底，月曆都換八月了，同學們只好把節目一遍又一遍地排練，許多住中南部的團員，連家也不敢回，只要簽證拿到手，一聲令下，就得啓程。

模里西斯和我國並無邦交，當共匪駐模國「僞使館」知道華僑邀請我們去表演中華文化藝術後，就一而再，再而三地向模國政府提出抗議，模國政府因此拖延我們的入境手續。

這些幕後的波折，是八月初由印度洋那邊打來的越洋電話透露的。

當初跟我接頭組團訪問的侯雅玲小姐，在電話那一頭大聲喊着：「……我們正在想法子，無論如何，你們一定要來，你們來了，我們就勝利了，你們只要來，機票照付，十七位，不要多一位，也不要少一位。」

放下電話，我熱淚盈眶，說實話，起先因爲一再延期，少數團員似乎已打消了去意，知道眞相後，我們堅定了非去不可的意志。去與不去，對我們來說，不算什麼了不得的事，但對華僑太重要了。

十五年前，我曾參加中華民國赴非文化訪問團，訪問十五個非洲國家，最後一站就是這個被稱印度洋之珠的模里西斯，那兒華僑的熱誠款待，令人難忘，而令人感動的是，華僑仍然懷念當時的演出。

侯雅玲今年返國深造期間，就受命找人組團前去訪問，她來找我，一定要我當領隊，讓同學有信心和安全感。

她曾強調，組團的用意，是要使華裔青年認識中華文化的偉大，加強對祖國的向心力。而且，自從共匪與模國建交後，常派遣足球、藍球隊去訪問，對華裔青年展開拉攏攻勢。

不久，雅玲又來第二通電話：「……你們的名單已送到總理公署了，中共抗議得很厲害，我舅舅（朱梅麟）要親自去見總理，你們不要着急。……」

然後，模里西斯又來消息，希望我們用「梅花文化友好訪問團」的名稱，免得被說是政府組成的，又要好事多磨，也許，這就是所謂「彈性外交」吧！

我們製作一面很大的團旗，上頭有梅花標幟，中央是青天白日滿地紅的國旗鮮艷奪目。此外，我們也做了很多面小型團旗，和梅花形狀的紀念章，準備送給華僑。

終於，模國總理藍姑覽爵士被華僑說服了，下令批准我們的簽證，我們這支「娘子軍」，在八月十六日踏上了征途。

我們飛往模里西斯的途中，在香港、孟買轉機，一路上時差在改變，到達目的地時，是八月十七日中午十二點。

模里西斯有「印度洋珍珠」的雅稱。她位於南非以東，與馬拉加西遙遙相對。西南方的鄰島是留尼旺，由於兩島大小相似，合稱爲「姊妹島」。也有人稱她們是印度洋上的兩隻眼睛，守望著南非大陸。

在空中看模島，宛如一隻蝴蝶，又像一粒貝殼。中央突起，牽出三條山脈。只見峯巒聳峙，青山映著碧海，風光迷人。

這塊約台灣五分之一大的島嶼，人口近九十萬。居民包括印度人、法國人、英國人、巴基斯坦人和中國人。其中華人約三萬名，華語算是通行的語言。

我們一出機艙，老遠就看到許多華僑向停機坪走來。侯雅玲小姐和朱梅麟先生都來了。雅玲欣喜若狂，忙著爲我們介紹。他們左一句歡迎，右一句歡迎，大家都很高興。

朱先生問我：「還記得我嗎？」我答：「當然記得！」

朱先生一點也沒變，依然精神健旺。十五年前來訪的情景，恍惚間又回到眼前。記得當時夜已深，朱先生率領的僑胞，高舉「模里西斯華僑歡迎中華文化友好訪問團」的牌子等候。我們一到，便湧了上來，閃光燈此起彼落，一股暖流注入我們的心田。

朱先生社會地位高，曾出任模國內政部長。那次的訪問活動，都由朱先生一手安排。這次來接機的人，也全靠他的關係，才能進入停機坪。

我們被接待到貴賓室，才發現有更多的華僑已守候多時，有的還從遠地趕來。廣場上「歡迎梅花文化藝術訪問團」的橫幅迎風飛揚，華僑小妹妹向我們獻花。

在異國，看到自己的同胞，就好像看到自己的親人一樣。

兩天以後的晚上，在模國首都路易士港的中山堂，華僑設宴歡迎我們。整個會場擠滿了男女老幼，好像辦喜宴似的，數一數，竟有二十幾桌呢。

席上是道地的客家菜餚，我們一桌一桌地去敬酒，閃光燈咔擦咔擦地亮著。從下機以後，我們一直受到熱情包圍，內心眞有說不出的感動。華僑是多麼看重我們的來訪！

朱梅麟先生曾致詞提到，模國是非洲地區華人最多的地方，而模國是非洲地文化最高地區之一，這次梅花團的到來，意義很大。

抵達模島後的第五天，我們在古老的布拉札劇院首演。由於先前，朱先生曾幫我們安排一個記者會，所以這天的英法文各大報，都大篇幅地報導這個消息。

演出前兩天，我們也上了當地的電視台新聞節目接受訪問，並且露了一手。

演出時間從晚上九時開始，但八點不到，許多華僑就等在劇院門口。開演前，我在後台掀開布幔一角，看到台下的觀眾把手言歡，高談闊論，樂隊輕奏音樂。加上劇院本身很夠氣派，天花板有浮雕，座椅是大紅色的十八世紀型沙發，氣氛很是熱鬧。

模國的政界人士、二十八個國家的大使也坐在下面。

開演前的那一刻，樂隊停止演奏，木棍敲著舞台上的地板，咚咚作響，我的心也撲通撲通地跳。

幕啓後，朱梅麟先生致歡迎詞，接著請我出場。我先謝謝這麼多的觀眾冒著雨來，我們雖然只有十七位團員，但每個人各代表台灣的一百萬同胞，向模國友善的人民和親愛的華僑，致最大的關懷和祝福。

我說，中國在很早的時候，就知道用歌唱、舞蹈來表達情意。含蓄是它的特點，因此顯得美麗動人。

我們舞出「嘉賓譙」，舞者手執杯、筷、盤，笑盈盈，輕輕巧巧地穿梭來去，反映我民族的熱情好客與多禮。

（差不多也在這個時候，藝專舞蹈團訪歐，在羅馬的教堂廣場，以這支舞獻給教皇。）

我們跳彩帶舞時，特別用四種模國國旗的顏色——紅、藍、黃、綠，配合燈光的變換，舞台上頻成一片繽紛的世界。我們特別從旁介紹，這是模國國旗顏色，觀眾看得好不開心！

我們的節目，大抵是中國各省民俗歌舞，有柔情的如採茶舞，有激昂的如劍舞，音樂都是用古箏、南胡、洞簫等國樂樂器演奏。我們用流利的法語介紹節目內容及國樂特色，也適時地把中華民國的繁榮景象，告訴這些海外華僑知道。

節目的高潮，出現在最後。當我們合唱「梅花」時，台下的觀眾先是拍掌應和，曲調漸轉漸快，他們也跟着唱起來。一種說不出來的溫馨，在空氣中盪漾。

我知道，我們一連串的演出，已經獲得初步的成功。

結束後，台下的大使們，都陸陸續續到後台來道賀，對他們來說，今晚的觀賞，是個新鮮的經驗。對那些流連不忍離去的華僑來說，他們得到的應該更多。

我們在模島宣揚中華藝術，平均每兩天就有一場演出，地點分散在三個大城市，三個星期來，我們跑遍模島的心臟地區。

因此，我們引起當地報界相當大的注意。九月三日，銷路最廣的模里西斯人報的體育娛樂版，曾讚美我們的演出優美，說這些青年學生們介紹整體的中華文化，可媲美甚且超過職業藝人。

天主生活週報，也報導我們的藝術才華，已獲得模國觀眾的讚賞，還特別提到，梅花是中華民國的國花。

到留尼旺島巡迴演出時，我們體會到異國友人的溫馨。

有一次，在華僑設宴的餐館上，梅花訪問團高歌「高山青」、「梅花」。唱完後，鄰座一羣客人也報以熱烈掌聲，其中包括前任法國總理戴布瑞。朱梅麟先生和他曾有一面之緣，當下握手言歡，並請他來觀賞我們演出。

後來，這位戴高樂時期的風雲人物，果眞來了，還有中場休息時，到後台來向團員們致賀。我們的彩帶舞，臨機應變用紅藍白三種顏色的彩帶，在旁白中介紹這是法國國旗的顏色，曾贏得滿堂采。

戴氏很平易近人，臉上一直掛着笑容。朱先生在開演前，特別用幽默的口吻說：

「訪問團來自沒有幕的國家。因此，在台上表演時，也不需用幕布，隨時歡迎各位來觀賞。」因爲這晚是在一家大戲院演出，臨時在銀幕前搭一座伸展台，沒有圍布幔，完全敞着。

我們和留尼旺並無邦交，但我們受到很好的禮遇。九月十三日這天，聖啤市政府特別設宴款待我們，主人包括兩位副市長（因市長赴巴黎），八月間訪問過我國的議員、校長，以及青年文化部長。

其中一位副市長吳宙仁，是華僑界的領袖。他除慶賀我們演出成功外，還高呼祝我國運昌隆，中華民國萬歲。

我告訴他們，此次我們帶來的只是一小部分節目，歡迎他們隨時隨地到我國來，到台灣，才能看到更多的中華文化。

吳副市長代表聖啤市，送我們紀念唱片，我回贈本團「梅花團旗」一幅，由另一位女性副市長接受。入境隨俗，我們相擁而吻，鎂光燈閃個不停。

最後，由青年文化部長開香檳慶祝，碰碰之聲此起彼落，大家舉杯互祝中法友誼長存。這位部長曾到過我國訪問，我們能在該地新落成的青年文化館演出，全是由於他熱心促成。

另外一位議員，自動站起來，以響亮的聲音說，八月間他們到台灣訪問，印象十分良好，希望今後加強中法文化交流，歡迎我們繼續組團赴模訪問。

我們在模里西斯計公演十一場，在法屬留尼旺島表演四場，算來都很成功，不單異國人士欣賞，華僑也表現十足的熱情，前來捧場。

在我們這次的訪問旅程中，華僑照顧我們，陪著我們拜訪異國人士，還安排豐富的筵席或盛大的酒會，歡迎我們。

有一次，在模國首都路易士港的中山堂，僑團代表爲我們辦酒會。準備的大蛋糕，是一本翻開的書的形狀（因爲團員都還是學生）。左頁用法文寫著：「歡迎梅花訪問團」，右頁印著一朵梅花，非常別致，眞是設想週到。

牆上懸掛著中、模兩國國旗，以及我總統、副總統玉照，令人有身在自由祖國的感覺。在海外和自己的同胞相聚一堂，我們有微妙的天然感情存在。更藉著「梅花」、「高山青」的歌唱，歡樂更多。卽使因方言與國語不通，但彼此間了無隔閡。

許多華僑表示，年輕一代的華僑子弟不會說國語，不知道中華傳統的文化藝術在那裏，眞是一大缺憾。希望藉我們的表演，能讓他們稍微有點認識，知道那才是自己的根。

有位老華僑，怕我聽不懂客家話，特地在紙上寫著：「華僑雖在海外，却無時無刻不在支持政府。」

我看到這幾個字的那一刻，頓生刻骨銘心的感受，不禁不住地點頭，表示一定把他的意思轉達給國內同胞知道。

有一位先生，還隨身帶著十五年前我來此地表演的照片。記得當年他最熱心，時時背著相機，到處搶鏡頭。照片已經發黃，眞難得他保存那麼久，華僑的可愛眞誠，令人感動。

在留尼旺島，我們分別住在華僑家中。許多家庭的擺飾，都有濃厚的中國風味，如客廳掛字畫，用中國式的家具，庭院種著台灣買去的蘭花。

有一家中國餐館——漢宮酒樓，掛有一幅醒目的對聯：「漢家風味聞邦外，宮內珍饈薦客筵。」吃在海外，也離不了中國菜。

模、留兩島的華人，從事各行各業。他們秉持早期拓荒的精神，都能奮鬥有成，有的成爲政界要人或社會名流。

一個月來，我們受到華僑的熱情款待，心中眞爲讓他們破費不少而感到不安。我知道，平常，他們都省吃儉用，吃苦耐勞的。

在模島華僑爲我們餞別的筵席上，朱梅麟先生曾滿面紅光、略帶酒意地致詞說：「兄弟有中國人的血，爲了中華文化，爲了國家的榮譽，爲了華僑社會的下一代能認識中華文化的偉大，因此不計花費，邀請梅花訪問團來演出。」

那幾句話，令我永難忘懷。

（民國六十八年八月）

快樂島上名勝多

模尼西斯的華人有三萬，是非洲國家中華僑最多的一個國家了，他們多以經商爲務，華人店鋪，到處林立，尤其在首都波累市（路易港）的中國城，觸目皆是中文招牌，什麼雜貨店、烟酒店、鞋店、百貨土產店……等應有盡有，甚至中文雜誌社也有好幾家。

華人商店遍全島

談到華人來到模國的歷史，最早可追溯到一八三〇年。當時蔗田無人耕種，英法政府只得向印度及星加坡招募工人。最初只有二十多位華人應召而來，但是不慣於島上曠野的生活，而多集中在首都路易港，開始慢慢做些零售商店。慘澹經營，有了些儲蓄，再又把家鄉親友接來。大都是福建，廣東一帶的華人。一八五四年，增至一千八百多人，大都是大家庭制度，尚能互助合作，團結一致，又加上能吃苦耐勞，經營得法，逐漸發展到各行各業。有做醫生的、公務員的、律師的，不過從商的仍佔大多數。其後，粵籍順德、台山、及客屬的梅縣華僑，紛紛携眷而來，人口繁衍，至一九五五年，達二萬人之多。

模國的糧食及日用品，均靠外來。華僑即經營此中間商，所以日常用品的雜貨商店，遍布全島，凡一千多家。

目前也有好幾家的酒廠、糖廠、塑膠廠、紡織廠等，可以說掌握了島上經濟的重要地位，不過多是香港來投資，模尼西斯亦屬共同市場，進口原料免稅，故原料都從歐洲進口然後在此設廠加工，再銷往歐洲市場，在此設廠，實乃一大智舉，因此地的人工廉，（工人待遇不如臺灣工人）工廠大，空氣又好，惟一缺點，就是由於政治因素，工會常非法罷工，要求加薪等困擾。

女工們花枝招展

我們曾參觀過由一位上海籍的華人開設的紡織廠。該廠佔地相當大，內部的設備都是電氣化的。那些女工，個個打扮得花枝招展，衣料都是高級貨，一點看不出是個女工。手上、脖子上都掛滿了裝飾品。她們工作日不多，採輪班制，只要賺到夠自己花就好，也不必儲蓄，因為工人的福利制度相當好，退休金亦高。

由於觀光事業發達，近年來旅行社如雨後春筍般林立，邀請我們來模國訪問的朱僑領，就是海天旅運社的董事長。朱董事長在一九六八年，曾榮任內政部長職達五年之久，係華人領袖人物。任內期間，曾大力反對模政府對華人零售商執照費的增加，同時也一再要求增設工廠，以解決就業問題，功德無量。

模島僑教發達，人才濟濟，在英、法留學回僑居地的華裔子弟，都能發揮所長，立足於社會，實乃華僑之光。

華文報紙，以中華日報歷史最爲悠久，創始於一九三二年，還是先總統　蔣公題的字，目前仍在出版發行，是華人們的惟一精神食糧，惟華僑的下一代青年，似乎都看不懂中文字，是一件令人感到隱憂的事情。

聖水引來遊客多

這眞是一個可愛的島國，島上風光綺旎，美不勝收。在欣賞過大海之後，不妨去山林探勝一番，有名的風景區，多半在島的西南角。

我們在翻過幾座山路，車經一池類似石門水庫的水庫後，終於來到一面面向大洋的山頂。這兒有一池天然泉水，也就是名聞遐邇的「聖水」。它在羣山環抱之中，顯得很特殊，翠綠山樹倒映池心，嵐影波光，更構成它的神秘。

這一池聖水，每天不知道引來多少遊客哩！數以萬計的印度人，每年都要携家帶眷，不遠千里來到此地，向聖水膜拜一番，他們把衣服脫在聖水中，然後把香火插在放在池邊的一根根香蕉上，頂禮合十，口中念念有詞。

傳說很久以前，有一個小孩迷了路，突然有一婦女指點小孩回了家，這就是聖水顯靈的故事。

在「聖水」的不遠處，是有名的黑河谷。名之黑河，實非河也，乃是一深千仞的峽谷。倚着山頂平台上的欄干，往下望去，森林茂密，蒼蒼鬱鬱，綠得發黑，故得名。層層疊疊，不是深綠，就是翠綠，總是一個「綠」的世界，好像在這羣山萬壑之中打翻了綠的染缸。一條銀白色的瀑布遠掛在對面的山壁，像一條白練，點綴了這綠，嘩嘩之聲，更是不絕於耳，給這山巒，帶來了春響。

黑河谷和七彩土

黑河谷，它像是一幅由墨綠、深綠、淡綠，幾種不同顏色所組合的「現代版畫」永遠留在我的腦海中。

七彩土，也是模島的名勝之一，在黑河谷的不遠山丘上，這顏色與黑河谷的綠，顯然成了對比。完全兩種色系；這片高低不平，有如波浪的土壤，不長一草一木，像岩石般結結實實地，一律都是咖啡色系，有深有淺。

奇妙的是，它在太陽的照射下，可以顯出七種不同彩色，有金色、褐色、紅色。如彩虹一般，變化多端，吸引不少遊客，亦爲模島景觀之一。

島上的植物園，是世界第五大植物園，在島的北端。一七三五年由法人所建，這塊土地最早只是用來種蔬菜的，後再又經過英人，荷蘭人的開墾、發展、擴充，而有了今日的規模，大體上看來，仍具有法國公園的風味，園內的樹都是秀秀氣氣的。

有二百年歷史的皇家鐵欄杆大門，如今塗上了白色油漆，甚爲雅緻。園內，花木扶疏，到處綠茵一片。愈往裏走，愈趣幽靜，不知名的鳥在灌木叢中，吱吱喳喳地叫着。

百年開花的椰樹

園內的馬路甚寬，有容納兩部車子的寬度。

朱僑領特別指着路邊一顆又高又大的椰樹說：這顆椰樹每百年才開花，花色是白、藍相間的，甚為珍貴。大家莫不舉頭觀望，嘆為觀止。

園內一棟白色的法式古堡建築，有一百五十年歷史，是第一個法國總督住的房子，如今却成了古蹟。

最令人感到新鮮的是：一座平靜的池水中，浮滿了好多的睡蓮，四週的邊是向上豎起，像一個個大型的翠玉茶盤。

園內也有動物園，養了許多珍禽異獸，有小鹿、孔雀。最妙的是還養了一隻好大好大的烏龜，如同一塊黑色岩石一動不動地，躺在池邊，據說牠活了有一百五十年，大家也搶着要和牠拍照，留着紀念。

一百五十年的椰樹，一百五十年的房子，一百五十年的烏龜。出了植物園，看到一輛老爺車，大家不約而同地開玩笑說：「這是……一百五十年的車」。「哈…」

朱僑領笑彎了腰，已經七十高齡的他老人家，說跟我們在一起，好開心，好像返老還童般，團員們左一聲朱伯伯，右一聲朱伯伯，把他叫得好樂，大家相處無拘無束甚是融洽。

三多的天之驕子

模尼西斯是個多種族、多語言、多宗教的國家，因此它的國旗是由紅、藍、黃、綠平行排列而成；這四種顏色正是不同的種族的代表。

語言宗敎聯合國

紅色是代表印度人種（約佔了百分之六十），藍色代表歐洲移民來的英、法人種；黃色代表我炎黃子孫；綠色代表少數的巴基斯坦及土著等。

我們的梅花文化訪問團曾以模國國旗的四種顏色，表演彩帶舞，獲得滿堂采。只見紅、藍、黃、綠四色不同的綢帶，在空中飛舞，在燈光的照射下，像彩虹一般，變幻出不同的弧形。不同的色澤，眞是引人入勝。他們熟練的舞藝，博得了如雷的掌聲。主持節目的，特別用法文介紹：「這就是貴國國旗的顏色。」台下安可之聲，不絕於耳。

正因爲種族多，語言也複雜。英語、法語、華語、印度語，在這裏都行得通。雖然它在獨立之前是英屬，但是迄目前爲止，仍以法語爲主，但不是純正的法語，充耳所聞的，皆是一種南腔北調，混合了土語的法語，沒什麼文法組織。

我們演出的法文節目主持者，是台大外文系的法文教授，邱大環女士，她是留學巴黎的語言學博士。一口漂亮的法語，獲得了中外人士一致的好評，替我們的演出增加不少光彩。

公私文件用英文

由於語言太多，公私文件一律用英文。

將近三萬的華僑們，不是廣東梅縣，就是順德，同樣是廣東籍，却有客家語和粵語之分，不過客家話還可以接受，和普通話比較接近。至於國語，少數人會說而已，這是很遺憾的事。尤其華僑的子弟，全部受的西式教育，中文對他們來說，是陌生的簡直開不了口。久而久之，這些華人都要被西方同化了！

模尼西斯，人口雖不到百萬，報紙却有十幾家之多，在非州國家來說，文化水準算是相當高的。

銷售量最大的是法文的時代報、民主報，以及模尼西斯人報，每天都以極大的篇幅，刊登我們演出照片及報導我們訪問團的活動。說我們是來自「微笑國度的人」、「最美好的演出」等讚譽。

百萬人口十家報

華文報方面，當以中華日報較爲暢銷，歷史最久，創辦於一九三二年，是先總統　蔣公題的字，實在難得。從中華日報上，亦可很快知悉國內消息。此外華僑們的婚喪喜慶廣告將佔很大篇幅，什麼「心心相印」、「福壽雙全」等祝辭，時有所見。遇到某某少爺小姐出國深造，亦登廣告致賀，祝「前程遠大」、「前程無量」等，實在很有人情味。

報紙多，閱報的人也多。似乎人手一份，各人訂購自己喜歡的報，這種關心時事的精神，是令人敬佩的。

有次，去菜場買菜，一進去就被菜販團團圍住。他們把我當明星般指指點點，原來當天的報上，刊登了我在記者會上穿的那件旗袍，他們一眼就認出我來，一時哄動菜場。我這才注意到菜攤上也放了好些報紙，原來他們沒生意上門時，就利用閒暇閱讀報紙哩！

由於種族不同，宗教也多，觸目皆是教堂、廟宇，不是天主教，就是基督教，再就是回教、巴基斯坦教……宗教氣氛濃厚，這眞是個自由、民主的國家。

位於首都聖路易市的聖路易大教堂，氣派雄偉，外表和巴黎聖母院類似。

全團參加大彌撒

我們全團人員曾應一位中國籍的神父邀請，在聖路易紀念節，參加了一項隆重而莊嚴的大彌撒，主教、總理都蒞臨大典。我們一行廿多人，着了中國式旗袍，溫文有禮地，進入聖堂，依序就座於前兩排，替我們預先保留的位子，很是引起堂內人士的注目，正好讓他們知道我們這羣來自自由民主的國家。

由於宗教多，節日也多，不管是什麼教，只要逢到紀念日，一律放假無誤。因此，模國的公假加起來，竟有二十四日之多，就是連中國的中秋節、農曆年，也是一律放假，舉國慶祝。甚至，這裏還有座關帝廟，道教的廟宇。

還有一種不知屬於什麼教的，臉上化了粧，穿着一種特殊的衣服，在街上遊行，有點像臺灣的拜拜，他們頂禮合十，口中喃喃有詞，態度至爲虔誠。

宗教多，教堂亦多，住所附近，就有好幾座不同宗教的教堂，禮拜日悅耳的鐘聲，此起彼落，生活在這裏的人們，眞是「天之驕子」啊！

海內存知己

—一件T恤的故事

這是件平凡的故事，發生在有「印度洋之珠」雅稱的模尼西斯海邊。迄今時隔一年，却深烙我心，難以忘懷。

去夏，我率團前往位於南非東側的模尼西斯、留尼旺兩島訪問演出。返國後，也曾先後一一撰文報導我們在國外的動態。倉促之間，偏偏把一件令人感動的小插曲，忘了記上一筆。好在，現在提起，也未必遲。

那是我們抵達模島的次日，邀請我們來訪問的僑領朱梅麟先生，爲了恢復我們長途飛行的精力，特意安排全體團員去瀏覽一下印度洋海濱的景色。

模尼西斯的海邊沙灘，可以說是世界上最美、最迷人的。尤其北海一帶，海水湛藍如寶石，沙灘細白如砂糖。法國一幽默大師說過：「上帝還未造伊甸園時，就已先有了模尼西斯。」就可想其美了！

靠着這些優厚的天然條件，那些有錢的歐洲人士，就大大地在沿海一帶建造一些可以海金的觀光飯店、俱樂部之類。渡假的遊客，無以計數。

這北海的一座頗具規模的飯店，却是由南非航空公司所投資經營的。全白色的阿拉伯式建築，內部是一流的設備，包括了俱樂部，賭場、餐廳、游泳池等，一應俱全，而主要的遊客，當然就是來自南非的有錢人士。不過，在旅遊的旺季，還是有遠從歐洲來的，譬如法國性感明星碧姫芭杜，就是此地的常客。

我們抵達這座旅舘時，經理已在門口迎迓，他聽說有十七位來自中華民國的團體到此一遊時，興奮得早把餐桌佈置就緒，幷準備了各式佳肴美酒，招待我們。樂隊們在旁奏着輕快的曲子，眞是令人有賓至如歸之感。鄰桌正在用餐的人們，紛紛投以又羨慕又好奇的眼光。當他們知道我們是來自美麗的臺灣寶島時，都搶着和我們拍照，並與我們寒喧。

這位熱情的經理先生，看上去只有三十來歲，是來自南非的白人。爲了答謝主人的盛情款待，飯後，團員們自動排成一人字形，更以歌唱方式，來表示謝意。沒想到一曲「高山青」尚未唱了，就把那些正在沙灘上行日光浴或在海水游泳的人們，吸引了上來。他們穿着各式各樣的泳裝、海灘裝，團團地把我們圍住，臉上綻現出友善的笑靨，毫無拘束地，隨着我們的歌聲，打着拍子，一遍又一遍，不知手之舞之，足之蹈之，眞是洋溢着一片樂陶陶的氣氛。這比室內的演出效果還要好。最後，我們以「梅花」作結，一遍中文，一遍法文，一遍英文，(因爲遊客來自各國)，如雷的掌聲，似乎震盪了這西印度洋。

音樂，眞是一項最直接溝通人類感情的語言了。

因爲我們沒有準備下水，也沒帶泳裝，完全是爲了欣賞風光而來。各自穿的是輕便的外出服。其中一位侯雅玲小姐（模尼西斯華僑），穿的是一件胸前印有一面中華民國國旗的T恤。最爲「搶眼」；雪白T恤上面，印有一面大幅的青天白日滿地紅的國旗，在陽光的照射下，益發顯得鮮艷奪目。

沒想到，這件別緻的T恤，却出盡了風頭。原來是被飯店的經理先生看中了；當他知道青天白日滿地紅，是代表着自由、平等、博愛，以及十二光芒，是象徵十二個月的自強不息時，更是大爲激賞，竟在大庭廣眾之下，要求把自己身上的T恤和雅玲的交換，而雅玲也毫不遲疑的欣然同意。當場，經理先生，就脫下了他的T恤，遞給雅玲；雅玲拿了衣服，立即鑽進更衣室。出來後，她果然穿了那件大號T恤，同時快速地把自己的T恤，交給這位男士，就如此這般地，完成了交換手續。

當這位黃髮、藍眼、隆鼻的異國友人，穿上了這件看上去，似乎又短又窄的T恤時，却不以爲意，倒反而顯出一副得意的樣子，又蹦又跳的。遊客們、團員們，都對準了相機，卡察、卡察地搶鏡頭，好像明星一般。一面青天白日滿地紅的中華民國國旗，緊緊地繃在他的胸前，看來，他是以擁有這件T恤爲榮了。突然，我感動得淚水盈眶，只恨沒有多帶幾件，分送給在此渡假的人們，萬里送鵝毛，豈不更有意義？這個世界仍然是充滿人情味的！

我答應回國後，再買件特大號的，寄給這位可愛的年輕經理。但是，一年了，還沒兌現，不是我吝嗇，而是——跑遍了大街小巷，就是找不到我所要的，因爲T恤上的印花，經常**在翻新哩！**

無論如何，我會把這件事，一直放在心上。

每次出國一趟，就會讓我回味無窮。主要的是：很多事情，是課本上所看不到，而且是可遇而不可求的，必須要你親身去體會的；像印度洋上渡假的那羣可愛的人們，偶然的相遇，卻留下了珍貴的友誼。

六十九年十月記於華岡

海上公園留尼旺

九月七日，從模尼西斯起程，向西南飛去，一路波光粼粼，美不勝收。約半小時後，抵達這嚮往已久的法國海外行省——留尼旺。

從飛機上俯視，它的形狀，如同龜殼，面積二千五百十一平方公里。比模島大了三分之一，風景比模島雄奇。

地勢，和模島一樣；中間較高，然後向四周伸展。到處是疊疊的青山，重重的翠谷。山比模島的多又大。高山雲霧迷漫之處，如同國畫中的潑墨山水。

島上沒有毒蛇猛獸

後經華僑的介紹，才知道留尼旺，早在三百多年前，原是一個樹木繁茂，風景幽美，而又沒有毒蛇猛獸的孤島。公元一五〇七年始被葡萄牙人發現。於一五二九年曾定名為馬士加安納島，沿用了百多年，才改為現在的名稱。

造價最貴高速公路

一六〇四年，法國曾一度佔領，中間又幾經波折後，於一六六五年，才正式宣佈為法屬殖民地。一九四六年，該島公民，投票同意改爲法國海外行省。從此該島之地位與法國本土行省相同。經濟仰賴法國，所以生活較模尼西斯的富裕。

旺島的交通，四通八達，南北有環島濱海公路，依山傍海，約有四小時路程。一路風光綺麗，和寶島的蘇花公路類似。據云，這條公路，是世界上造價最貴的高速公路。它已完工十五年。當初造的時候，化了四五年時間。

由於島上建設進步，風景幽美，故有海上公園之雅號。去年因火山爆發，更是吸引了成千上萬的攝影家及觀光客，最近剛舉行過一次印度洋區區運會，更是名噪一時。

除了火山吸引人外，那海拔三千〇六九公尺的雪峯山，更有着另一番雄奇景象，堪稱島上第一景觀。山上常年雲蒸霧靄，有着我國廬山之氣韻。

著名的水雞湖，在雪峯山麓之東北，湖光山色，儀態萬千，加上聖緻珍大瀑布，有天河倒瀉之勢，令人嘆爲觀止。

位於南部的聖保羅市，則山谷重疊處，亦有清泉飛瀑，碧水深潭。其中以三石潭和厤螺潭，景色最佳。

南部沿海一帶風光亦比北部壯闊，但見亂石崩雲，驚濤裂岸。臨海觀潮亦爲一大勝景。中部嘉菲平原，氣候宜人，四季如春，如同我國的昆明，但見遍地百花怒放，形成一花花世界，眞不愧爲世外桃源。

島上人口五十萬，種族包括了白人，以及土人和白人血統混合的棕色。也有將近一萬的華人，沒有任何種族歧視。

深山白人自耕自食

不可思議的是：居住在深山的人，反而是白種人，他們完全自耕自食，過着半原始的生活。

後來，我們曾參觀過，在山谷裏居住的二十幾家人，他們的確是與外界隔絕。每隔兩、三個星期，用直升機運肉食來此。如果有人病危，或分娩之類緊急事，則可立即通電話，請醫生坐直升機來此診斷，這是非洲地區內，絕無僅有的現象。

旺島，目前仍在積極發展觀光事業，每天都有一班法航飛機，來往於歐非之間，賺取了不少觀光客的外匯。

似曾相識聖丹尼

留尼旺的機場，在北部的聖馬利市，是個建設相當新穎而具現代化設備的國際機場。一下飛機，就受到中華商業總會副會長侯興長夫婦以及船業公會等人的迎迓。

這是我第一次踏上斯土，也是首次看到這裏的華僑。和在模尼西斯一樣，充耳所聞，不是客家國語，就是法語混合着粤語的一種土話。不過，這裏的法語比模島的標準、好聽，因爲這是一個以法語爲主的海島。

在入境室內辦手續時，一些和我們同時下機的法國佬，當他們發現我們是一支來自臺灣的文化藝術友好訪問團時，都異口同聲地要求我們唱首歌作紀念。

於是，我們義不容辭地，就在入境室內，排成人字形，高歌了兩首歌曲，一是高山青，一是法譯梅花。歌聲結束時，立卽博得如雷掌聲。連驗關的工作人員也笑臉迎人地，表示歡迎我們的抵達。

一邊清點行李，一邊又接受記者訪問、拍照。在華僑的通力協助下，很順利地，行李就搬上了華僑們事前準備好的車輛。

一出機場，就看到門口，停了一排的私家轎車，我們四人一組，分別登車，然後，一輛接一輛地，直向首都聖丹尼市駛去。

原來僑領侯興長，在他府上已爲我們準備了歡迎酒會。首都聖丹尼市，背山面海，街道整潔，交通井然。市容方面，在法國政府地建設下，日趨美化，一切以法國馬首是瞻。瞧吧！那櫥窗的擺飾，街邊的露天咖啡座，都和巴黎一樣，讓我好不高興，好像又重遊巴黎之感！

侯僑領擁有一棟相當豪華高級的花園洋房。庭院深深之中，還闢有一座游泳池，頗有情調。

泳池四周，是茸茸的草坪，且點綴着朵朵艷麗、盛開的玫瑰。這玫瑰不知是什麼異種，大得不得了。

酒會是設在池畔的露天座上。各式各樣的美點，五顏六色的飲料，眞是讓我們有應接不暇之感。侯僑領的女公子，一位剛從巴黎大學回來渡假，一位在此任教，她們殷勤地招待我們，把我們當着久別重逢的親友一般。

海外人心繫祖國

「君自故鄉來，應知故鄉事」，好幾位年輕的船員，也老遠地趕來看我們，紛紛地向我們打聽國內的近況，可見他們人在海外，却心繫祖國！

可惜，華僑子弟因受西方教育，不會講國語，我們只好比手劃脚地用英文溝通。而我四年前在巴黎學的法語，此時此地居然又派上了用場。

帶來的海報，不夠用，臨時又找紙又找筆地，畫的畫，寫的寫。團員們和華僑子弟們的分工合作下，也搞了好幾張海報出來，眞是四海一心的具體表現啊！

晚上，全體團員盛裝，參加華僑們在京都大酒店爲我們所設的歡迎晚宴。

在首都聖丹尼市的中國餐廳，有十幾家之多，而這家京都大酒店最負盛名。

何以中國的餐廳，無論在那裏都如此地吸引外國人士呢？想來，中國烹飪是最講究色、香、味的藝術的。孔夫子很早就說：「食、色性也」，有好吃的，誰不喜歡呢？

餐廳內宣揚文化

京都大酒店裝潢得古色古香，無論壁上、柱子上，都掛滿了中國的字畫、對聯，以及垂有纓絡的大型宮燈。加上播音器送放的國樂，讓人不覺得有在異國他鄉之感。

最令人驚嘆的是，有一面牆上，是一大幅中國仕女的油畫圖，飄飄欲仙，如天女下凡似的。非但古意盎然，且夠氣派，不知出之那位藝術家之手筆？

中國文化藝術，在中國餐廳內，是最好的宣傳場所，我們在海外作宣傳工作，何不多利用廣大的中國餐館呢？

後來在南部，拜訪了幾家華僑商人，發現他們家中的擺飾，無不以中國的手工藝爲主。有位華僑商人娶了位法籍太太，可是家中的屏風、餐具，甚至音樂，都是中國風味的。

他太太跟着他喝道地的中國茶，簡直比我們生活在臺灣的，還要中國化。留尼旺的華僑們並不是很西化的，他們絕大多數，仍保有中國傳統風俗習慣的。

最令人感動的是：百年前，他們的祖宗飄洋過海，來此創業，憑着雙手，本着克勤克儉的精神，積蓄了些資金，才有今日之公司行號，而能立足異邦，實乃華僑之光。

人情味溫馨無比

留尼旺的華僑各爲各的事業忙碌，除了國慶和農曆年相聚以外，平時很少來往，而這次爲了歡迎我們，華僑們又能濟濟一堂，閒話家常。

十幾桌席間，有白髮斑斑者，有年輕力壯者，有牙牙學語者，大家見面，好不熱鬧，我們分散在各席座上，分享了華僑們濃郁的人情味，眞是感到溫馨無比。

最後，餐會在全體團員的「梅花」歌聲中結束，給當地僑社留下了難忘的一頁。

福爾內火山之行

留尼旺，是個火山島。據地質學家的勘測，早在三、四百萬年之前，由於印度洋底部地殼劇變，而發生了海底火山爆發，爆發後的熔巖，冷却了七萬年的時間，才形成了現在這塊土地肥沃的小島。

目前，印度洋底部，仍有着上千的火山存在，但都在長期的休眠狀態中。

一百五十年來首次爆發

福爾內火山，是一座位於留尼旺島南部的休眠火山，在休眠了一百五十年後，突然在一九七八年猛烈爆發，噴火威力之大，係一百五十年來僅有。曾吸引了無以數計的攝影家、地質學家，前往拍攝、觀察，成爲轟動一時的大新聞。

筆者於去夏率領中華文化友好訪問團，前往留尼旺時。在華僑的安排下，參觀了這座名聞遐邇的火山。

在未出發前，我們在南部聖啤市的一位蕭僑領家，首先觀賞了一部該火山於一九七八年爆發實況的紀錄片，眞是令人身歷其境，嘆爲觀止。

我第一次看到這樣完整的火山爆發實況紀錄影片，我只能告訴朋友說：「太美了！」轟轟隆隆的音響，配合着形形色色的熔漿，它是一幅現代的潑墨畫，又是一首動人的交響樂。

據說，在火山爆發之前，也就是山老爺發怒之前，火山口的山空，有一個灰黑色的煙幕，一直向雲霄發射。其中還噴灑出火山灰和碎石子，如同噴泉似的。山麓也有小小震動，經過一個多月才慢慢消失，然後噴出了五顏六色的熔巖，像節日施放的焰火，耀眼欲花。

那灼熱的岩漿，在火山頂的大鍋中沸騰，好像一鍋滾開的濃湯，沿着鍋邊，向四周溢出，形形色色的熔漿，紅的火紅，白的奶白；還有那像極了巧克力奶油的岩漿，眞是不敢相信，那是地裏冒出的玩意。

螢幕上，不斷地出現一堆又一堆，一層又一層的熔漿，似乎吞噬了整個山腰。

連續不斷的噴火，火山岩如雨撒下，轟轟之聲，似乎搖撼了整個島嶼。

我們既然不遠千里來此，當然要一睹這座火山的眞面目，尤其在觀賞了火山爆發的實況影片後，更增加了好奇心。

土地肥沃，盛產香草

九點正，我們全體團員都來到曾氏華僑家集合。我們一行十七人，再加上二十位年輕華僑們，正好坐滿一車，開始了我們的火山之行。

這是一條蜿蜒曲折的山道，路面不寬。可是，駕駛先生却能運用自如地轉動他的駕駛盤，直向山頂駛去。

九月，雖是此地的冬天，可是，天氣却不冷不熱，相當溫和。不過，高山，和臺灣阿里山一樣，也有冷到零度的。

整整有一個小時，車子一直在深山迤邐而上，不斷發出馬達吼聲。我們在車中，引吭高歌，和華僑們打成一片。

窗外，景色如畫，山坡上，先是一片片的杉樹、松樹。後來，經過一片種植香油樹的地方，矮矮小小，如同茶樹的香油樹，是留尼旺島的特產之一。

途經牛鼻山

火山，在海拔三千公尺左右，愈往上爬愈冷，風景也更秀麗。正在我凝神窗外景緻時，車子忽然停在一平台上。原來這是有名的牛鼻山。

這一帶，觸目所及，除了兩座高山的山脈，就是雲海一片。令人心胸開闊的是，兩山山谷之間的一片草原，平平坦坦，綠草如茵，好像被人工修剪過，步行要四小時左右，却荒無人煙。

不久，車行於大峽谷的原野上，這是一片枯黃的不毛之地，一根綠草也沒有，只有一種適於用做掃帚的矮樹。原來這是一個在百年前，曾經遭受過火山爆發洗禮的平原，迄今土地仍未恢復過來。不過這種土地吸收了岩漿的許多元素後，久而久之增加了土地的養份，最適宜種甘蔗、咖啡。難怪留尼旺的甘蔗特別甜，咖啡特別香哩！

火山頂，遙遙相望

約十多分鐘後，我們終於來到火山頂。

倚着欄杆，火山口，近在咫尺，它像是個朝天張着的大嘴。下面是圓錐體，山脚周圍，是又焦又黃呈龜裂的土地。據說，熔漿的熱度高達二千度，就是金鋼、鑽石，只要一碰到，立即熔化。奇怪的是，火山爆發迄今不到一年，可是四周的山峯，仍是蒼翠一片。

據說，火山爆發之前一年，硫磺曾冒出來過一次，地面也有龜裂現象，這就是火山即將爆發之預兆。科學家、地震學家們，不斷地勘察其動態，但是究竟什麼時候爆發，很難確知最正確日子；就好像懷了孕的母親，知道大約何時分娩，但不知確實日子，也許提前，也許延後，只有聽其自然。

不過，在火山爆發之前，由於是先從市區冒出硫磺，當時立即疏散附近居民，幸好沒有人死亡，只有一座教堂被毀。那時，岩漿像火龍般從山口擠出，沿着山坡向四面流散，轟然一聲，天崩地裂，把大地弄得枯焦一片。溶漿不一定從山口噴出，有的從大地裂縫中冒出，一時間土地弄得又鬆又軟，人走在上面，立即會陷了下去。

在我們參觀這座火山之前兩星期，有四位法國人來此探險，想攀登火山口看個究竟。結果，這四個人都迷了路，後來派直升機及數百人來搜救。其中有一人，就不知下落，說不定已陷到地層下。因爲，地面看起來像是凝固的，實際上，裏層仍是鬆軟的。而且，攀登火山口，有一定的路線，不能隨處行走。自然界的現象，實在太微妙了。

中國人在留尼旺

由於生活環境的原因，在留尼旺的中國人，大都已經入了法國籍，但是他們的生活方式，思想情操，仍然是非常「中國化」的。

所謂「中國化」，那就是秉着中國傳統的美德、樸實、勤勞、謙讓，過日子。最重要的是，他們保存了我國固有的家庭倫理觀念；年老的祖父母，在一家之中，具有崇高的尊嚴，與地位，且享盡兒孫繞膝之樂。兒女亦都克盡孝道。

儘管兒女們講着法文，客家語或當地的土語，但他們的家庭中，無論擺飾，餐具，音樂大部份仍具有中國風格的。

你一定不會想到，在這彈丸之地的小島上，還有着「關帝廟」或「觀音堂」的建築吧！位於印度洋的留尼旺島，似乎是被世人所遺忘的一個地方，殊不知這個小島上的華僑，絕大多數是心向祖國，而且有着深厚的中華傳統思想的。

有着世外桃源之稱的「旺島」（Reunion）譯意是「聯合」，也是法國的海外行省。面積二千五百平方公里，風光綺麗，氣候宜人。人口五十多萬，各種族均能和睦相處。華僑兩萬，大都來自廣東梅縣。目前第二代華僑，除了繼續從商，經營百貨公司外，有開飯館的，照像館的，其他有的從政，有的從醫，有的任職公務員，擔任工程師的、教師的也很多，可以說各行各業都有，在旺島有着舉足輕重的地位，其中有些是曾經前往法國深造回來服務的，深受旺島政府及各族人民的尊重。

旺島的中國人，成績相當優異，就以一九七三年來說，一千個會考及格送到法國留學的學生中，中國人佔了五百名之多。

老一輩的華僑，初來旺島時，可以說是篳路藍縷，慘澹經營。憑著一雙手，長期刻苦奮鬥，才創出現在的天下。

在旺島有着首富之稱的侯興長僑領（前中華商會會長），早在一九六九年，就由於他對旺島經濟貢獻甚大而榮獲法國經濟部的頒贈勳章。另外一位前聖俾市副市長吳宇宙先生，在法國龐比度總統任內，曾榮獲總統榮譽勳章。

旺島好幾家超級市場，都是華僑所經營的。有些店舖和住家連在一起；樓上住家，樓下店面，彼此互相照顧。

旺島最大的養鷄場；是中國人張生元的。佔地三公里半大的鷄場，養了四萬隻鷄，每天生產二萬二千枚蛋（約二千公斤）。據統計，旺島的人，每月要吃掉三百萬枚蛋，而這個鷄場平均每月就生產六十七萬枚蛋。當我走進養鷄場，眞是又驚又奇！驚的是眼看着鷄蛋一個個不停地從鷄棚輸送到包裝機器上。奇的是，若大的一個鷄場，却只用了十個工人，若是以老法子養鷄，生蛋，至少須用四百工人。

原來這位老板是學電機的，曾在阿爾及利亞打戰三年，後來返旺島開設鷄場。他充分運用中國人的智慧，設計了一套所謂電腦輔助生產的方法。

老板的弟弟張安元，是位有着古道熱腸的華裔醫生，他是一九六四年會考及格到法國習醫的。那時參加會考的一千二百人中，只錄取二百名，他是其中之一。

他在法國習醫九年，服役一年。返回旺島行醫，迄今將近十年了。

張醫生對中國人的事，特別熱心。諸如中國節日、慶典、賽球、郊遊等。最難得是，凡是中國人生病，他是免費義診的。

他也是飛豹體育協會的會長，每週日一定帶着年輕的孩子們舉行球賽，以增進彼此感情，而且還鼓勵他們說中文。

爲了慶祝關帝寶誕，他特別參與關帝寶誕特刊的法文翻譯。好讓華僑子弟了解關帝的故事。

曾任旺島省議員的華裔曾憲建先生，年紀約莫四十來歲，目前已榮升頂磅市（TAMPON）的市長。

那天，在陳造麟僑領及張安元醫生的陪同下，我們應邀前往位於山區的市長官邸拜會並接受午宴款待。市長伉儷，非常平易近人，尤其是夫人和我同宗，都姓鄭，見面分外親切。

爲了歡迎我們來，特別在花園的草坪上搭建涼亭，以便享受野餐的樂趣。沒料，天公不作美，那天，又是風又是雨。

因此，在宴會開始時，這位市長作了一段幽默的致辭：

「很早，我們就準備你們的光臨。雖然，我身爲市長，却不能命令風雨的不來。」接着他引用了孔老夫子「四海之內皆兄弟」的話來歡迎我們。又說明他之所以能在此當上市長，就因爲法國人把留尼旺治理得很好，政治修明，沒有種族歧視。

然後他又詼諧的說：

「一九七九年，旺島的省議員曾前往臺灣訪問，議員們受到盛情的款待。聽說，他們的表現不好，因爲中國人習慣乾杯，他們幾杯酒下去後爛醉如泥，也不知道自己做了些什麼。幸好，那次本人沒有在場。」

飯後，這位多才多藝的市長，還表演了一段電子琴。

至於老一輩華僑，聚會的場所，男的多半以「關帝廟」爲主，女的則以「觀音堂」爲主。旺島有三個關帝廟，每個廟都有個紅臉關公像。牌樓的左右兩側書有「忠誠」、「義勇」的橫匾。

大部份信徒在曆書所示的黃道吉日，來廟中上香問卜。每年七、八月關帝寶誕的日子，三個廟均大大舉行慶祝儀式。聖俾市的廟，最近才予以修建，所有的建材，均由臺灣水運去的。

陰曆六月廿三日，適逢關帝的寶誕，但見廟內張燈結彩，人潮洶湧，如同龍山寺的大拜拜。古色古香的牌樓，書有「普天同慶，聖壽無疆」的直聯。無論外大門，內門柱，都張貼着紅底黑字的對聯：如「精忠赤日，義貫青天。」「威震華夏，志在春秋。」「肝膽上做人恩如兄弟，患難中爲友義重君臣。」及「精忠與日月爭光，義氣共乾坤……」

難怪旺島華僑一方面對國家民族赤膽忠心；一方面對同胞誠摯熱情，無不受到關帝的感召。

觀音堂係面海而築，靠海的牌坊橫匾是「觀音堂」，直聯是「共慶佛天」，「同登道岸」。中堂外門的直聯則是「人行五倫八德」、「天降百福千祥」，言簡意賅。我們曾應邀前往吃素食。

除了傳統的宗教祭典外，中國的新年、雙十節、中秋節，都是列爲重要活動。

一年有兩次的掃墓節日，三月或四月、九月或十月，家家戶戶，帶了祭品，到墳上去爲死去的祖先及他們的靈魂祭拜。

中國人在旺島，是互助的，團結的，使他們在全世界經濟不穩定的狀況上，仍能予以維持成長。

由中國商人成立的信貸機構，是旺島經濟的主要原動力，這個信貸機構就是類似我們的標會性質。

在旺島的中國人，不僅懂得賺錢，也懂得享受人生。一到週末假日，所有商店關門大吉，天大的事也不管，他們拋開了繁忙的工作，走向郊外，或爬山，或下水，與大自然爲伍。他們的人生哲學是：「工作時拚命工作，享受時拚命享受。」

（民國七十二年八月）

馬尼拉瑣記

在巴士海峽上空，俯視菲律賓羣島，星羅棋佈，原來它係由七千多個島嶼所組成；其中位於呂宋島的馬尼拉，更是以擁有椰樹、陽光、沙灘著稱，也是南海上，最具情調的城市。

在機上用過豐盛的午餐後，即抵達了馬尼拉機場，華僑陳瑞時先生早已在機場迎接，並向我及家母獻上由白蘭花所綴成的花環，令人立即感染到熱帶地區所洋溢的熱情。

在陳君的安排下，驅車到位於市區的旅館，把行李卸下後，就開始了我們的馬尼拉三日遊。

第一印象

馬尼拉的街道相當寬闊，沒有摩托車，但見私家車如過江之鯽，交通不比台北零亂。最引人注目的是許多裝飾得精巧花俏的吉普車，在街上行駛，原來這都是二次大戰留下來的二手貨，經過改造和點綴，已成爲當地的主要交通工具，據說這個構想，最早出自於華人。

天然資源豐富的菲律賓，戰後，在美國的援助下，復元的很快，但是因爲氣候炎熱的關係，菲律賓人，總是無精打采，不知勤奮，以致不少天然資源，任其荒廢，未能開發，甚至滿樹的椰子都懶得去摘，最好是躺在樹下，讓椰子自動掉下來。同時，我也注意到馬路的斑馬線，爲了省事，只在馬路上横劃兩條白線，其懶由此可知。

儘管如此，菲律賓人們愛美風氣却是很盛的，街上櫥櫃的服飾，來自歐、美各國，至於手工藝品，更是琳瑯滿目，無論木雕、貝殼、草袋均設計精美。

馬尼拉街道的名稱大都是西班牙文，初來遊歷的人，覺得不像置身菲律賓。菲人，看上去都是悠哉悠哉的，這可從濱海大道上，雙雙對對情侶看出。

在日落未落時分，許多遊客，情侶早已佇立於此，等候夕陽西下的奇妙景色。但見火輪般的太陽，隨着水平線上的金光，緩慢地下沈、下沈。不久被鑲着金光的海水所吞噬……馬尼拉灣的海由金黃而變深紅，而變深紫，眞是氣象萬千，美不勝收。

晚上在濱海的約瑟芬餐廳，享受一頓海鮮大餐，眞是終生難忘，這一帶的飯店大都是西班牙式建築，內部裝潢典雅，家家生意興隆，豪華的旅館、夜總會也都集中於此，是東南亞名聞遐邇的觀光區。

聖地牙哥古堡

這是西班牙人所築的一個古堡，二次大戰時，日本人曾利用堡內的地下水牢，關了不少菲人及美國人，從水牢上面的鐵欄，往下看，陰森森地，漆黑一片，令人毛骨悚然。

在古堡內，最令人感動的是菲律賓的國父黎薩的紀念舘，舘內陳列了黎薩的畫像、文物、服飾等，以及他臨終時所留下的一首訣別詩。

黎薩，是個畫家，也是個政治家、科學家，在十九世紀末葉，和一羣志同道合的朋友，爲了要求獨立而起來反抗西班牙的統治，但是革命沒有成功，被囚於此，也成了菲律賓的英雄人物。

特別一提的是：在位於落日大道附近的黎薩公園內，也鐫刻了這首訣別詩，每一位來參觀的遊客，沒有不被這首詩所感動的。

這是一八九六年十二月三十日，荷西·黎薩（Jose Rizal）於馬尼拉的巴滾巴揚練兵場，在一隊西班牙士兵槍火之下，把他處以死刑，他爲解放菲律賓人民而奉獻出三十五年的高貴生涯。

荷西，在獄中所作的與祖國訣別詩，是暗藏在酒精壺中，交給來做最後道別的妹妹，他的詩篇強烈地啓發了菲人民的民族意識。

這首詩，成了菲律賓國民的至寶，小學課本中就選了這首詩，而且規定要背誦下來。

我也情不自禁立在這紀念碑前，把碑上的詩抄錄了下來，可以說是首雋永而有着哲理的一首詩。

下面就是荷西·黎薩離別之詩：

「再見了，祖國！

我可愛的祖國，再見了！南國太陽懷抱裏的可愛的祖國，再見啦！

我最愛的祖國啊！是東海上的一顆珍珠，那被搶走的樂園！

爲了你，我情願奉上這悲哀的一生。

縱令你是再開朗、再年輕，裝扮得再有希望，我仍然會爲了你的幸福，不惜付出我的生命。

響徹山野的呼喚，正激烈地衝着，奉獻出了多少年輕的生命，但一點也不躊躇，更沒有回顧。

死的方式，死的場所，那有選擇的餘地。

就像那柏樹倒下，白色的百合枯萎，月桂樹被折斷一般—在絞台上、在槍列裏、在白刃下，或則是在拷問台上。

啊，呼喚母親所在的家與國時，我的生命，又有什麼可珍惜的呢？」

公園中除了黎薩的訣別詩外，還有一座黎薩的紀念銅像。

馬尼拉的中國人

只要太陽照得到的地方，就有中國人，在菲的華僑，和其他各國的中國人一樣，憑着吃苦、節儉的美德立足於社會。但是菲僑由於團結、互助、講信用、講義氣，在商業上佔有舉足輕重的地位，不但掌握了菲律賓的經濟，同時也做了不少慈善事業，例如救濟貧窮、建醫院、學校、養老院等，貢獻甚大，身在海外的中國人，並沒有因爲僑居國外而忘記中國固有文化；相反的，他們更珍惜的保持並延續下去，在馬尼拉有許多華僑學校，就是爲了讓華僑子弟接受中華文化的薰陶，此外他們也十分重視孝道和倫理，以及民族精神教育。

在馬尼拉有一座佔地很大的中國城；到處可見中國文字的招牌、中文的路名、中式的建築、粵語或閩南語隨處可聞，置身其中，有賓至如歸之感。除了中國商店林立外，還設有各宗親會、同鄉會等組織。中國人的宗族觀念很重，所以這些組織發揮了互助的力量，例如獎學金設立，貧窮孤老的救濟，同時還有排難解紛的作用，無形中使社會發生安定力量。

此外，每年有定期的祭祀，可以說此地中國人慎終追遠的觀念比生長在國內還要濃厚。

學生時代的我，曾多次獲得鄭氏宗親會的獎學金。因此，我來到馬尼拉第一件事，拜會了鄭氏宗親會的總會，總會的大門口有一幅寫着「滎陽堂」的扁額，大廳的牆上掛着歷屆董事的相片。再往裏走，有一巨幅的鄭成功畫像，宗親會秘書知道我是從臺灣來的宗親，特地邀請宗親長輩們設晚宴以示歡迎，令我有受寵若驚之感。

華僑義山

華僑義山最初是安葬二次大戰中抗日犧牲的中華義士，我們來到一個鐫有「菲華戰時特別工作總隊抗日烈士紀念碑」的前面，不禁令人肅然起敬，深感做爲一個中國人的驕傲。

尤其可貴的是石碑下面，由先總統　蔣公親題的「民族正氣」四個大字，正是表現了菲僑的抗日精神。

中國人講究葬禮，所以連帶墓園的建築也極力舖張，後來義山墳墓各式各樣，有樓閣型、寺院型、別墅型，無論中式、西式，內部均爲現代化設備，應有盡有，可供人住，家家門楣或廳堂內都題有許多匾額、對聯，以示對死者的紀念，這和美軍公墓一片白色十字架的簡單肅穆氣氛迥然不同，後者完全是「一戰功成萬骨枯」的寫照，而前者卻有雖死猶存的感覺，這也許就是中西民族性的不同呢。

百勝灘

百勝灘（Pagasanjan）在馬尼拉的東南，有一百零七公里路程，車行約兩小時。

一大早，陳瑞時先生親自驅車來旅館接我們，開始向百勝灘出發。沿途風光明媚，觸目不是高聳入雲的椰樹，就是蔗田、芭蕉林，因爲是自己開車，隨時渴了，就可在路邊小攤買個椰子解渴，又清又涼，暑氣全消。價錢合新臺幣只有五元，一人一個，就可以喝上半天了。

不久來到了目的地，入境隨俗，在登上獨木舟前，我和母親各戴頂大草帽，接着由當地的兩位船伕，一頭一尾操作，在兩岸之間的急湍中，逆流而上，忽而進入陡尖的岩石隘道，忽而進入青葱的熱帶森林，遇到水淺時，石頭露在外面，舟行不得時，着了泳褲的船伕則下到水裏，把木舟抬起，如同抬轎子一般。遇到急流時，逆水而上，則見船伕把槳撐在岩石上，用盡力氣拚命往上撐，眞是驚險刺激。坐獨木舟，必須雙腿伸直頂着船邊，保持舟身平衡。

歷盡千辛萬苦，最後抵達百勝灘源頭，懸崖斷壁有一瀑布，嘩啦之聲，響徹山谷。有人着雨衣，改乘小船在瀑布下穿過，到後面小黑洞去探險，驚叫之聲，此起彼落。

由瀑布再折回時，一葉輕舟，順河急速而下，令人想到「輕舟已過萬重山」的詩句，既興奮又刺激，令人畢生難忘，也眞正體會到逆水行舟，與順水而下的滋味。

（民國七十一年三月）

落地為兄弟何必骨肉親

韓國，這是我第二次來，却眞正領略了韓國的大餐。

結束了在漢城布拉札飯店所舉行的中、韓作家會議之後，於九月十四日，應韓國文化協會的邀請，前往參加在一高級俱樂部所設的午宴。

這個高級俱樂部，是座落在市郊的半山腰，環境非常幽雅。佇立庭院，正可俯視漢城的景色。

在沒有正式進入宴會會場之前，主人—韓國文化協會會長金圭澤先生，特別在綠草如茵的草地上，舉行一個歡迎酒會；侍者穿來穿去，送酒及飲料，與會者皆衣冠楚楚，韓方女士們皆着傳統韓服。中、韓作家趁此機會，自取飲料、交談、拍攝、氣氛非常融洽。

俱樂部的外表，是西式的別墅建築。而內部的佈置，却是韓國格調的。四壁掛了許多字畫。因長形大廳的兩頭，設置了兩個屏風。宴會的席位，是呈H式，像吃西餐的長桌。會長金圭澤先生以及韓國小說協會會長金東里、我中華民國作家、代表團團長尹雪曼等，坐在上面的一排，餘者分坐兩行。

首先引起我注意的是主人背後的刺繡屏風；紅色的綉幔上。繡了好幾隻白鶴，配上綠色松柏，眞是鮮艷目奪。左方用漢字題有「鶴壽延年」的字樣，讓人看了特別親切。有賓至如歸之感。「鶴」是象徵長壽，吉祥的。在我國古代的刺繡上，就有所謂的「松鶴圖」「松鶴同春」之類的圖案，不知道韓國的刺繡是否淵源於我國！

提到刺繡，就想到我們黃帝時代發明蠶絲的嫘祖：隨着絲織的發展，刺繡也跟着大行其道。早在三國時代，孫權的夫人趙氏，就曾繡過一個巨幅軍事地形及列國城邑的行陣圖，是了不起的傑作。後來到了明代，刺繡更是蔚爲風氣，沒有女子不懂得刺繡的，而刺繡的範圍亦擴大到山水、人物、花卉、虫魚；尤其是湖南的湘繡，更是中外馳名。無論繡出什麼，都是到了運針如筆的地步。而今，這玩意在中國，可以說已經式微，沒想到韓國還在大大地保存着哩！

與這幅松鶴相對的一個屏風上面，洋洋洒洒用漢字草書寫了首中國的唐詩，白紙黑字非常顯目。它設置在兩排長桌的缺口處，正好面對主人。

這首詩，對我來講並不陌生，是東晉大詩人陶淵明，有名的雜詩中的第一首。因爲是在異國讀到，我特別把它筆錄在我的記事本上。「人生無根蒂，飄如陌上塵。分散逐風轉，此已非常身。落地爲兄弟，何必骨肉親！得歡當作樂，斗酒聚比鄰。盛年不重來，一日難再晨。及時當自勉（勵），歲月不待人。」

其中「盛年不重來」四句，語意精警，令人發深省。

這就是陶淵明了不起的地方；他的詩平淡、自然、親切、對人生、永遠抱着樂觀，積極的態度。後代詩人李白、杜甫、、王維、柳宗元、蘇東坡、辛棄疾等無不對他推崇備至。

與我們有兄弟之邦的韓國，在這個招待貴賓的地方，用了陶淵明的這首詩，足見陶淵明在韓國詩人中的地位了！

金會長站起來致歡迎辭後，就開始了這頓道地而又豐盛的韓國大餐。茲將印象深刻的幾道菜，介紹於下：

「泡菜」，是韓國有名的，無論大宴小酌，都少不了一碟泡菜。平時，我不敢吃辣，但是入境隨俗，看韓國朋友吃得津津有味，也只好挾了一塊嚐嚐。眞是又酸又辣，和我國的「泡菜」大有不同，初嚐，會辣出眼淚來哩！

韓國泡菜，叫「錦木池」，到了韓國，如果不知道「錦木池」，都就虛此一行了。

韓國的主婦們，沒有不會做泡菜的。她們是把辣椒末、味精、鮮魚、生栗子、雪梨片一齊裹在菜葉裏面，然後密封在一個大陶瓷缸中。最好藏在地窖或地下室，一個月左右卽可取出吃。做泡菜的季節，多半在十一月，這個時候泡了，一直可以吃到翌年春季。

「烤牛肉塊」，也是韓國的名菜，我們在臺北流行的鐵板燒，原來是韓國學來的玩意，味道非常香而嫩。

「神仙爐」，好美的名字，原來是什錦火鍋，主要的材料是鮮魚、肉絲、青菜、粉條、木耳、百果、蚌類，混在一起燉眞是山珍海味，好吃極了。這道菜，據說是以前百濟王朝時宮中的名菜，只有王侯將相等人才夠資格吃，而今我們却大大享受，加之美酒在握，眞是快活賽神仙了！

酒足飯飽之後，尹團長突然宣佈，要我唱首詞助興，這是我所沒料到的。既然點了名字，只好鼓起勇氣走到麥克風前唱了首東坡的「醉翁操」，以示答謝韓國朋友對我們盛情的招待。之所以唱東坡詞，是因爲我知道韓國朋友們很喜歡蘇東坡的詞。好幾年前，就有一位名叫洪禹欽的韓國留華學生，在文化大學博士班拿到文學博士學位，他寫的論文就是關於蘇東坡的。如今他學成歸國，在韓國嶺南大學執教。

我唱完詞之後，由韓國許世旭博士亦唱了闋王維的陽關三疊，字正腔圓，感情充沛，許博士於十多年前曾留學師範大學研究所，也是我的學長，難得一口流利的中文，這次中、韓作家會議的綜合討論，就是由他主持的。

之後，韓國小說協會會長金東里先生又站起來，指着屏風上「落地爲兄弟，何必骨肉親」說，我們中、韓本來就是兄弟之邦，如今我們以酒會友，有緣歡聚一堂，更要痛飲一番，於是，他首先舉杯一飲爲盡，充份顯示出大韓民國的人民豪爽、熱情與好客的作風。

「落地爲兄弟，何必骨肉親。」我反覆地吟着這兩句詩。這不正是出自論語「四海之內，皆兄弟也」的典麼！陶淵明在這首詩中，更引伸了原意。

好幾次酒會宴會中，由於語言的隔閡，（中、韓作家會用英文交談者不多）會說中、韓兩國語的譯員不夠敷用。因此，大家不是舉杯在互視，就是微笑拍照，或各吃各的，保持沉默。而這次的宴會上，氣氛顯得特別好，尤其是陶淵明的這兩句詩，無形中，把我們的距離也拉近了，眞是所謂「海內存知已，天涯若比鄰。」更何況我們兩國有相同的歷史文化，這是項難以忘懷的宴會啊！

無可諱言的，西方的物質文明，給韓國生活上帶來很大的轉變，但是從他們的精神生活來看，却仍然保持並維護着傳統的習俗與文化。

（民國七十一年九月）

民俗村到俗離山

在韓國民俗村，走馬看花地參觀後，我作家訪團一行，又登上遊覽車，向俗離山出發，俗離山位於韓國的中部，在未抵達俗離山之前，我們曾途經一個風景清幽的清州省。清州，最大的特色是垂楊夾道，青翠普野，頗有江南風味。

同行的林明德教授，他是留學韓國的，曾在此地的清州大學、女子師範任教，對這兒的環境非常熟悉。他特別指着窗外不遠的一條河流說：「這是無心川。」但見河隄兩岸綠楊結煙，青絲飄拂，如詩如畫一般。接着他開玩笑說：

「這正是所謂的無心栽柳柳成蔭啊！」

觸景生情，見到如許的柳色，自然勾起了在座許多作家的故國之思。如今去國三十多年，不知故鄉是否依然？雖然，我也出生在大陸，但是年紀太小，印象模糊。不過，在古代的詩詞中，從那些以楊柳爲題材的作品中，就已令人神馳了。似乎可以遙想當年隋堤上那種「種柳成行夾流水，綠影一千三百里。」的景象是多麼地壯麗。

清州除了柳樹外，也有許多的楓樹，更是構成了這個城市的美。

據說此地的人，比其他地方的人要悠閒，連講話的速度都比別地的慢。而且這裏的人，壽命也長，主要是空氣新鮮，而無車馬之喧。

經過一個頗具規模的體育舘後，車子翻山越嶺，約一小時後，即來到了海拔約六百公尺高的俗離山。

之所以稱俗離山，是因爲其山氣勢雄偉，使人置身於是，有超塵脫俗之感，但是我好奇，爲何不叫「離俗山」。

經過一段蜿曲的山路後，車子停在一座現代化的旅舘門前。下車就在大門懸掛「歡迎中國作家」的橫幅，令人頓解除旅途疲勞，而且令人「賓至如歸」之感！

此地，也是韓國有名的「法住寺」，到處都是古色古香的佛殿寺刹，傳說是由新羅時代義信祖師從天竺得道歸來後所創設。

在旅舘的土產店買了一套俗離山的風景片後，即按照圖片上的名勝古蹟，一一造訪。他們風景片的外殼，都印上了「文化財委員會審議畢」的字樣。

這座寺院，院區很大，佛殿也多。佛殿的建築和中國的建築相仿，加之所有橫匾都是黑底金色漢字，令人感到特別親切，不像是在異國。

所有的佛殿之中，又以大雄寶殿。覺皇殿、極樂殿，最爲有名，稱之三大佛殿。大雄寶殿，佔地有一百七十餘建坪，是座相當宏偉的兩層建築。和我國明朝的宮殿建築相仿。

特別一提的是捌相殿（列爲國寶第五十五號），是一座五層的木構建築，一層比一層小，如寶塔一樣，紅柱綠頂，非常鮮艷奪目。這種建築似曾相識，「白蛇傳」裏的水漫金山寺，不就是這種造型嗎，不過塔比這還高就是了。

中國的寺、殿、塔。大小是在於木頭的結構方面下功夫。可以說是古代建築的突出成就。如果我們也把那些建築一一列入國際的話，眞不知有多少啊！

在捌相殿的附近，有一座高達三十三公尺的彌勒菩薩立像，大家都要在此翹首瞻仰一番，並拍攝留念。據說這尊佛像是一九四四年，由一位高僧及一位姓金的雕塑家合力共鑄。整座佛像是由花崗石所造，中間歷經困難，花了二十年予以完工。原址在新羅惠恭王時代，本有一大石佛像，後來被毀，才改鑄此佛。

佛的左手下垂，掌心微朝上。右手彎曲，掌心向外，脚踏一蓮花池，氣宇非凡，稱得上塑雕藝術的傑構。

在我國的雲崗、龍門、敦煌的石窟，諸如此類的石佛像，不知有多少，然而神州變色後，在中共的摧殘破壞下，這些擁有一千多年的藝術遺跡，不知所剩有幾？每念及此，就令人咬牙切齒，義憤塡膺，恨不能早日收復失土。老祖先們以爲以血汗所鑄的精粹藝術寶藏，只有讓我中華兒女來維護！

韓國對古物的保存，可以說是不遺餘力的，而且儘量保持它原有的特色。

山區內，處處都樹立了「保護古松」的牌示。法住寺內，有一棵名爲「正二品的老松」，約有六百年的樹齡。遠看如同一把太陽傘。傳說，朝鮮世祖國王，每次會駕臨此樹下休息。頓時松樹的枝葉成蔭。世祖爲感其有靈性，特加封二品的官職。樹的四周都是桃樹，春天時，桃花怒放，和松樹相映成趣。

。

不知不覺，我們又來到了一個流有清泉的甘露臺；臺的四周有六個水龍頭，供遊客解渴

暮色中，返回旅館時，途經一個楓林大道，兩旁皆為高大的楓樹，頗有詩意。樹下有些零零落落的攤販，在兜售各式各樣的紀念品，包括了佛經經文及錄音帶，佛畫的製品等。這些玩意對我們不感好奇，却吸引了不少歐美遊客，他們紛紛選購以為紀念。

近年來，韓國已成為一個具有獨特風格的東方觀光勝地，可以說是有原因的。

出使象國──上電視

結束了在韓國舉行的作家會議，以及日本的參觀訪問後，我單獨一人又風塵僕僕地來到了象國。

這是個漫長的旅程，在空中足足翱翔了廿多小時，雖然辛苦，却非常高興。

象國，就是象牙海岸共和國（IVORY COAST），它位於西非，東鄰迦納，南沿幾內亞灣，西接賴比瑞亞，北與上伏塔爲界。目前是十四個新興法語非洲國家中，發展最快速，也是最有前途的國家。

這是我第二次來到象國，爲的是參與象國電視臺一項「認識友邦」的節目；象國爲了慶祝中華民國國慶，特別以長達五小時的電視，來介紹我中華民國。同時，使象國人民有機會看到寶島—臺灣自由繁榮的情形。

記得，是民國五十三年夏，我第一次參加了由外交部和國防部合組的中華民國赴非友好訪問團，前往非洲十多個國家訪問。這個由四十人所組成的文化大使團，在芮大使正皋及白主任萬祥的率領下，到非洲各地表演民族舞蹈、國樂、國劇，所到之處，無不受到隆重的歡迎與接待，可謂是轟動一時，這樣一個文化團體，可以說是具有歷史性的。

雖然事隔十八年之久，但當時之情景歷歷在目，尤其是在象國，停留的時間最長，曾兩度進出，對這個現代化的都市阿必尚（又有小巴黎之稱），留下了深刻印象。

不過，這次舊地重遊，發現它更繁榮了，到處是高樓大廈，人口車輛亦增加許多，一片欣欣向榮的景象。

象國的外交政策，是「和平」兩字，廿年來，一直和我國保持友好關係；尤其在此詭譎多變的國際局勢之下，特別在今年我國慶前夕，在電視上介紹我中華民國，實在是件難能可貴的事。

那天（十月二日）下午一時，我終於帶着一顆既惶恐又興奮的心情，走進了象國電視臺攝影棚。興奮的是立即可以面對廣大的象國人民；惶恐的是，這是現場播出，雖然國內提供了許多有關文化、經建、運動等紀錄片，但不知道記者先生會針對這些影片，提出什麼樣的問題。

電視，這玩意是最敏感，也是最快速、最直接的一項大眾傳播工具，你的一言一行，立即透過螢光幕，傳送到每個角落、每個階層。

一位資深的記者先生，親切地走過來和我拉手，以示歡迎，並安排我坐在事前安排好的座位上。不久，我駐象大使芮正皐先生亦來了，我們分別坐在記者的兩側。背後，是一幅巨大的青天白日滿地紅的國旗做布景，就是這面美麗的中華民國國旗，給我增加了無限的勇氣與信心。

一點四十分正，燈光如火炬般打在我們身上，鏡頭對準而來。記者首先開場白，向觀眾介紹我和大使的身分。接着由芮大使（以下簡稱大使），以流利的法文，說明了中華民國的歷史文化以及雙十國慶的由來。一篇精闢的講辭，拉開了這個週末美景中「認識友邦」節目的序幕。

接着，記者側過頭問我有關「孔子樂教」的問題以及「中國音樂在東方的地位」。這正是平時我常向學生提到的問題，因此，我從容不迫地以中文回答：

「至聖先師——孔子是注重音樂和教育的，孔子是儒家的提倡者、實行者，儒家講求的是和平、仁愛，也是我立國的精神。孔子是主張以禮、樂來教化老百姓的。我國古代的音樂，受到儒家思想的影響，所表現出來的就是溫柔敦厚，中庸和平，盡善盡美的，以個人來說可以修身養性，陶冶品德，至於社會國家來說，則有移風易俗，維持秩序的安和作用。」

大使很快地把我的這段話用法語翻譯出去，而且還補充了我所沒提到的，去掉我多餘的。

接着我又回答第二個問題。

「我中華民國有五千年歷史文化，而音樂佔了極重要的地位，尤其在唐、宋時代，可以說是音樂的黃金時期，像我們的鄰國日本、韓國、越南，當時都受到我國音樂的影響。因此，我國音樂，在東方音樂地位中，佔有極重要的地位。」

這兩國問題答覆後，我抱了一把從國內帶來的「象牙」琵琶，當場示範演奏，一曲「將軍令」……

大使在旁解說這首曲子是表現一國的軍容整齊有紀律，並象徵國運昌隆之意。

其實，我原來準備的曲子是「十面埋伏」，臨時改變主意，因爲怕當地人不明白這曲子的歷史故事，如果要花很多時間，解說楚漢相爭，楚霸王垓下被圍，四面楚歌，最後無顏見江東父老，烏江自刎；必花去很多寶貴的時間，電視是分秒必爭的，那允許我說這麼多！到不如來段「將軍令」，簡單明瞭，又有意義。

兩點四十五分，訪問大使，談我國體育運動，並放片段的紀錄片。

接着又由大使談十大建設，並放影片。

有關經貿方面的問題，完全是由大使回答，并提到準備幫助象國政府達成糧食自足計劃，因爲我在忙着換古裝，準備再度出場接受訪問，并演奏古箏，所以沒細聽他們之間的談話內容，只見大使侃侃而談，暢所欲言。

爲了不使整個節目流於枯燥，在談到中華民國的經濟建設之後，特別播放了片段「功夫」影片及「綜藝」節目。這些很能提起在場工作人員興趣，他們指手劃脚，並對電視上美麗的歌星大加讚揚。

記者看到我着了一件古裝，頭戴鳳冠，很感好奇，我忙向他解釋：

「因爲等下我要彈奏古箏，所以特別換了這套古裝。古箏是我們秦朝的樂器，有兩千多年歷史……」

「啊！好漂亮的衣服，你們古代都穿這麼美的衣服嗎？」

「當然！我國在黃帝的時候，就發明了蠶絲，我們的衣服都是絲綢做的，所以質地柔美，光澤鮮艷。歐洲的絲，最早都是由我國傳去的哩！」

這次來象國，我帶了三套衣服：旗袍（電視出場穿）、小鳳仙裝（彈琵琶）、古裝（彈古箏穿），眞恨沒多帶幾套，趁此機會把我國歷代服裝介紹一下。因爲非洲人對於穿着也蠻講究的，我看到好些非洲人很窮，打光脚丫，但是衣服穿得很鮮艷、講究。

因爲記者欣賞了歌星唱歌的影片，又順便問到中國歌唱特色：

「中國的歌，小別注重韻味，咬字淸晰，由於中國文字一字一音，而且包含意思，所以唱起來特別傳神、動人」。本想列擧一些歌詞來說明，但是怕影響整個節目的程序。

記者：「請問貴國目前音樂發展的情形？」

這是個很大的問題，因時間有限，只好簡單回答：

「中國音樂，在過去有着很高的成就，但民國以後，受西方的影響，而日漸衰微；但近年來，由於我們經濟繁榮、社會安定，政府又加以重視並整理古曲、古樂，但是我們一方面亦吸取西樂注入中國的音樂之中，同時不斷改良增加樂器的音域、音階；而且政府也積極地收集了各地的民謠。」

等大使翻譯完，我又補充了一句話：

「同時，我來非洲，也是想研究非洲音樂，音樂是國際語言，最好溝通人類感情的利器……」

大使用中文對我說：「好極了。」接着又用法文翻譯，並加補充。

四點，放映了片段表演繪畫的影片，臨時，大使取出一張宣紙、毛筆，現場大筆一揮，也表演了段「書法」，寫的是「中、象友誼萬歲」幾個大字，並在螢光幕上，停留約一分鐘之久。

大使邊解說這幾個字的含義，邊擦額上的汗水（燈光照得如火烤般），這情景，看了令我感動。

深深感覺到一個外交官必須要具有多方面的才華；當然還得有任勞任怨、忍辱負重的精神！

四點零八分，播放「祭孔」影片，接着又討論有關中國音樂內容及樂器分類問題。

最後，記者對我提出一個有趣的問題：

「請問你目前所扮演角色？」

這是個可以借題發揮的問題，我開門見山地說：

「我目前是文化大學中文系教授，研究的是古典文學；我國的文學，博大精深，分經、史、子、集，而我的專長是詞曲方面，所以對音樂有濃厚興趣；因而對樂器喜好，而學習古箏、琵琶。十八年前，我曾携帶這兩種樂器來貴國演奏，十八年後的今天，又帶着這兩種樂器來到貴國，……這大概就是我扮演的角色。」

接着，我彈了曲古箏——高山流水，一方面作爲祝福象國總統的華誕壽禮。

六點三十分訪問結束。

對我來說，我已全力以赴，出了攝影棚大大鬆了口氣。

在駐象國新聞局饒專員的陪同下，曾參觀了象國電視臺的文化節目，並索取兩大卷非洲的舞蹈、音樂專輯錄影帶，擬携回國內，介紹給國人。

現在是大眾傳播時代，我們實在宜充份利用電視功能，來介紹各國的風土人情啊！

我的古箏，也割愛留在象國了，但願這是一粒種子，不久會開花結果。

（民國七十一年十月）

象國印象

正午從瑞士蘇黎世再度轉乘瑞航，向西非飛行。越過蔚藍的地中海上空以及高沙漫漫的撒哈拉沙漠之後，終於來到了森林遍佈、湖沼處處的象牙海岸共和國。

象牙海岸，從前稱爲「金海岸」，又稱「好海岸」。名爲「金海岸」，其實並不產金；名爲「好海岸」，是因爲象人和善，愛好和平之故。目前稱「象牙海岸」，最是名副其實，因爲它確是產有大量象牙。

象牙海岸（以下簡稱象國），南瀕幾內亞灣，東鄰迦納，西與賴比瑞亞及幾內亞毗鄰；北與上伏塔、馬利爲界。氣候炎熱潮濕，風光宜人。以前是法國，於一九六〇年，正式獨立。

這是我第二度來象國，內心自有壓抑不住的喜悅，好像去見一位久別重逢的老友。

第一次象國，是在民國五十三年，我曾參加了中華民國赴非文化友好訪問團，前往非洲十多個國家演出訪問。那個時候，象國獨立不久，就已經是非洲新興國家中，最進步、最有前途的國家。如今，更是突然進猛，一日千里了。

有小巴黎之稱的阿必尙

阿必尙，是象國首都，記得第一次來時，市區建築普通，馬路兩旁皆香蕉樹。如今，完全改變了，不但人口、房屋驟增；高樓大廈更是如雨後春筍，到處林立。

市區內有一段八線道的公路，非常壯觀，據說是世界上最貴的造價。各種名牌車輛滿街飛馳，其他的道路也都整齊、寬敞又平坦。據說，象國正大力發展交通事業。郊區的柏油馬路不斷地在增加，使省、市之間得以連接。

超級市場的東西，除了咖啡、可可是象國出產外，其他日用品，大都來自法國。物價昂貴，生活水準之高居世界第一。

總之，阿市的都市建築，乃至於民生物資，一切以法國馬首是瞻。

由於它是個法語國家，因此，和法國以及法語非洲國家，來往甚爲密切。每天到阿必尙的飛機，有十幾班次之多。

在阿市的中國人，大約有三百左右。凡有中國人的地方，必須中國餐館。此處就有四家，它們的寶號是：「金龍酒家」、「滿德樓」、「福祿壽」「千味」等。前兩家是家庭式的，生意不錯。「滿德樓」的大門左右貼了「「將相」「入門」的橫幅很醒目，經濟參事畢先生，常在該飯館作東宴客。「福祿壽」則是新開的，老闆孫先生，是文化大學法文系第一屆畢業的，夫婦倆很能幹。餐館內的裝潢是中西合併的，廚師是特從臺北「天廚」飯館聘來。「千味」老板闆，曾是芮大使的廚司，經大使夫人的指點手藝不同凡嚮。

其他中國人，大多經營食品、工藝、五金等雜貨。

極爲歐化的象牙旅館

阿市臨於鹽水湖邊，風光宜人，近年來已發展爲一國際觀光都市。估計阿市的觀光飯店大約有二、三十家。其中以象牙旅館最負盛名。第一次我中華民國赴非友好訪問團來象國，就是住在這座合乎國際標準的象牙旅館，我們曾在旅館內的鑽石廳演出民族舞蹈、國樂、平劇，招待象國各政要首長，一時車水馬龍，座無虛席，盛況空前。

如今，事隔十八年，由於生意興隆，旅館旁又增建了一棟大樓。最頂樓，有眺望臺。入夜，可欣賞阿市倒映到湖中的迷人夜景。

據世界的建築師公會認爲這是座別致，美麗而又藝術氣氛濃厚的建築。

門前一根高入雲霄的大柱子，四面刻了九種不同的面具，鮮艷奪目，柱子上也裝飾了許多假象牙，是象牙旅館的標誌。

值得一提的是位於新舊旅館之間的國際會議廳。這是座現代化的大會場，可容納二千多人，走道上舖了一吋多厚的紅絨地毯。內部設備包括接待室、餐廳、小會議室、記者招待室，衣物保管室、圖書室、酒吧、郵局、電信局等。……

大廳內也有一個高廿公尺的旋轉式舞臺，中央懸有一個蜂窩型的大吊燈。兩邊牆上飾以象羣及野生動物羣的木雕花紋板，頗具非洲風味。地板，是用了象國的特產，桃花心木所建。

環境優美的總統故鄉

早上，隨中華工程公司董事長陳宗文及中華工程分公司王經理，在駐象大使芮正皋的陪同下，前往象國總統布佛伍尼的故鄉拜訪。總統的故鄉是在離阿市約二百五十六公里的雅瑪索格羅「YAMOUSSOUKRO」。

布佛伍尼總統，是一位極重道義，而且一直支持我國的一位領袖。記得，第一次來象國時，我們曾在總統府演出，總統及其夫人特地從鄉下趕來觀賞，并親切地和我們拍照留念；這次，有機會拜訪這位非洲名政治家的故鄉，當然是不放過。

我們從象牙旅館出發，不久卽驅車上了高速公路。這是一段平坦，，筆直的高級柏油路。由於車輛不多，行車時速可高達一百八十公里。遇到起伏的的公路，如同坐在小飛機上一樣，眞是驚險刺激。

約兩小時光景，我們來到了雅城。

這個地方，在十年前，是個茅屋土砌的村莊，如今，在總統的大力發展下，已規劃爲一個又整齊又漂亮的「文化城」了。

我們首先參觀了一座國立高級工業技業學院。別緻的是那一排高大的柵欄式校門。一個連一個，純用來裝飾的，頗具線條美，是由法國人設計的。

校舍庭園，非常寬闊，內部設備如儀器、桌椅，全由法國運來。一千五百左右的學生，却聘了六十多位教授，教授的薪水相當優厚。學生來唸書，還有獎學金可拿。由此可知象國爲了培植優秀青年，是不惜投下大量財力、物力的。

目前的文化部長、建築部長，都是不到四十歲的青年才俊，我曾有幸在芮大使的陪同下去拜會過他們。

在雅城，除了工技學院外，還有總統的私人教堂、民主黨黨部大廈及總統大旅館，都是最新穎的建材與設備。

教堂的大理石，全由義大利運來，非常氣派。附近有一人工湖，裏面養了許多鱷魚。民主黨黨部大廈，是個四方形的現代建築。其中有一個可容納二千人的會議廳，屋頂中間懸有一個如星星般的吊燈，所有桌椅，是可以伸縮的，不佔空間。

總統旅館，是象國總統投資經營的，有十四層。其豪華不下於象牙旅館，頂樓也有瞭望臺，可眺望四週風光。

以前農耕隊隊長黃慶如公館，就在旅館的對面。黃君如今在總統府任職，專司雅城的庭院設計，環境美化。總統非常器重他，除了給他高薪，還配有公家房子、汽車、僕人，而且每年可携眷返國休假一月，可以說相當禮遇。

總之，我國所派遣的農耕隊也好，手工藝隊也好，向來都受到象國朝野人士的重視；尤其是於一九六八年所設立的「良種繁殖中心」，協助象國改良稻種，增加產量，防止病害，獲得一致好評。

雅城的「總統農產」種了約一百公頃的鳳梨，也是我農耕隊的功勞。

中午在黃君公館午飯後，驅車前往達巴（TRABA）參觀一座完成三年的水庫。這座水庫，是繼古蘇水庫後，又一大工程，由法人設計。堤長六公里，水面波平如鏡，比日月潭大。壩的特色，是利用附近的花崗石就地取材。花崗石的排水溝，又深又長，不怕汙塞，因爲是石壁，如同一個小運河。

這個水庫，純爲發電用。象國電力年來不斷發展，就是荒僻的小鄉村，也有電燈用。

土產市場、博物館

在王經理及趙姓僑領陪同下，來到了市區的一個土產市場。他們叫它蒼蠅市場。原因是那兒的售貨員（都是男的），一看到外地來的觀光客，就像蒼蠅一樣向你身上叮，一隻隻黑手，拿着各式各樣土產，向你漫天喊價。所以一個女子，最好不要一個前往。在這種地方必須要殺價的。

市場是一個棚接一個棚接的攤位，百物雜陳，琳瑯滿目。其中以木刻人頭、象牙雕飾最多。皮貨、壁毯，也很吸引人。我買了象牙做的象，由大到小共五隻，很是別致可愛。因爲我喜歡音樂，也挑了個非洲樂器。

象國博物館不大，却也保持了歷代的藝術文物。

這天，在我駐象館吳參事及張秘書的陪同下，來到了博物館。一下車，就看到大門的左右柱子上，分別掛了裸體的男女木雕人像，瘦瘦長長的，很有原始風味。

館內的珍藏，包括了木雕、陶器、布織、漁具，以及各種飾物。其中以木雕面具人頭最多。母親哺乳的木雕人像也很多，充分發揮母性的偉大。壁毯上的繪畫，都是粗線的圖案。

吳參事，對非洲面具，特別有研究，在他的辦公室就掛了許多不同的木刻面具，儼然一個小型博物館。

原來每個面具都有它不同的用途及意義，有的景象徵男性的威儀，有用在慶典的舞蹈上的，有用在狩獵，豐收上的同時爲了避邪祛惡，在葬儀上、作戰時也戴面具。

承蒙象國文化部長抬愛，送了我一本印刷精美的非洲面譜畫册，後來我留給了吳參事，供他作研究用。

不知道非洲面具，有沒有受我國的影響。相傳，我國古時候，就有所謂的「代面」。北齊時，蘭陵王就是戴著面具上陣殺敵的，且百戰百勝！

同時，我也帶了一個雙人的木雕面具回來，是吳參事送的。

原始純樸的民情風俗

每個民族，都有每個民族的風土人情，象國人民和其他非洲國家的人民一樣，都是天性喜歡舞蹈，音樂。還有就是婦女的「頂上」功夫！

這次，我在象國停留的時間不長，但是却碰上他們一年一度的「宰羊」節。這天，正好是九月廿八日，也是我們孔子的誕辰紀念日及教師節。

象國全國上下，一律放假，家家戶戶「宰羊」，並將羊血塗在門上。求神降福。這是回教的習俗，人們無論男女老少，貧窮富貴，均穿得花花綠綠的，在街上穿梭。男的還頭戴瓜皮小帽，各地舉行祭祀舞蹈，好像過年一樣。

非洲的人民，在音樂、舞蹈上，是特具天賦的；只要音樂一起，人們就按着節拍，前後左右的扭動起來。樂器多以「鼓」爲主，也有手持木柱椿地的，也有葫蘆做的樂器，裏面放了貝殼之類的東西，搖起來，很好聽，舞步仍保持原始風味。在非洲，貧富甚爲懸殊。但是一到跳舞時，就不分彼此了。我曾看到一個小男孩，骨瘦如柴，肚子微凸，一副營養不良的樣子，但是跳起舞來，可起勁得很，而且面露微笑。也有的男孩手執羊尾巴，邊甩邊跳，婦女們也有的背着孩子跳，總之，他們沒有時間觀念，一直跳到不想跳爲止，眞是「樂天派」，如果碰到節慶，臉上還塗白粉，如小丑的打粉。

初來此地的人，看到婦女們頭頂水桶，或杯盤之頂的器皿，一定會替她們揑把冷汗。殊不知，這正是非洲女人的頂上功夫哩！任何東西，只要到了她們頭上，都不會掉下來，而且頂得四平八穩，一副蠻不在乎的樣子。非洲婦女身材修長，也許和頂上功夫有關，因爲她們必須保持平衡作用。

最不可思議的是頂着盤鷄蛋。

在我住處附近，有一個年約十五歲的小女，每天淸晨頂着一盤鷄蛋，來此兜售。我看了又憐又愛，有時候向她買一兩枚。久了之後，我們也混熟了。她的家境很好，沒有上學，却每天打粉得漂漂亮亮的，又是耳環，又是手鐲的。一件鮮艷的衣服，裹在身上緊緊的。因爲頭上頂了東西，走起路來，更是搖曳生姿。愛美，是人的天性，非洲人的審美觀，可和我們不同，她們討厭捲曲的頭髮，所以特別拉直了，紮成一條條如蚯蚓狀的樣子，滿頭都是直直的辮子，梳這樣頭髮，是很花時間，但是爲了愛美，亦無可何，和我們直髮燙捲，正好相反。

一般說來，非洲的人民是善良的、純樸的。尤其是象國的人民，比其他非洲國家的人更有「福」，因爲他們有一位英明的總統在領導他們！

（民國七十一年十月）

飛越撒哈拉

人生到處知何似？應似飛鴻踏雪泥。
泥上偶然留指爪，鴻飛那復計東西。
老僧已死成新塔，懷壁無由見舊題。
往日崎嶇還記否？路長人困蹇驢嘶。

——蘇東坡詩——

我國與象牙海岸未斷交前，我在象國首都阿必尚機場和芮大使及駐外人員一一話別後，即登上法航班機，開始了另一次的高空旅行。

這次的目的地是巴黎，主要路線是：撒哈拉大沙漠、阿爾及利亞、地中海、意大利，再直飛巴黎。早上九點起程，晚上抵達法國戴高樂機場。

這是個漫長又寂寞的旅途，給我留下深刻的印象不知是否旅遊季已過，抑是經濟不景氣，這班飛機乘客不多，寥寥可數。

我揹着琵琶以及非洲的原始樂器，選了一個靠窗的座位坐下，兩件樂器正好霸佔鄰座的空位。

空中小姐好奇的看着我，黝黑的臉龐，露出一排潔白的牙齒，笑容可掬地以示歡迎，我也報以友善的微笑。

也許，她知道我來自東方，但不知是那個國家？也許知道來自那個國家，但不知在那一方？本來哪！非洲人士，對黃種皮膚的人，應該是有點親切的。而「微笑」，更可化解一些猜疑。

起飛不久，阿必尙這個有着小巴黎之稱的西非都市，已漸漸縮小成一盤蜘蛛網，一個小黑點。

雖然銀翼已冲入澄澈的晴空，但是沉重的心情，一如脚下的濃雲。此時眞正體會到了所謂「黯然銷魂者，唯別而已矣」的滋味！非洲的人民大都是純樸的、友善的，遺憾的是政客們的短視與現實，誰知道他們玩些什麼把戲呢？我駐外人員已全力以赴，曉以大義，但也難以扭轉詭譎多變的局勢。正如大使所說：「我已鞠躬盡瘁，就是還沒死而已！」想到這裡，眞是感慨萬端！

爲了穩定一下情緒，我又把「隨身聽」從行囊中掏出掛在頭上。

這個時髦的玩意，是我來非洲前，隨作家訪問團前往日本遊歷時，在東京購買的。後來，我隻身來非洲時，它却成了我的良伴，一路上解除不少寂寞與思鄉之情。

眞不可思議，在這有着黑暗大陸之稱的非洲上空，我的隨身聽却一遍又一遍的播放着我從國內帶來的一些國樂曲子，幽雅的樂聲令我忘了身在異邦。

空姐推車送來一些飲料，才又回到現實。

把耳機取下，從機艙外望，方才的一片雲海，不知何時已飄散得無影無踪，取而代之的是一大片草原，使我想到「天蒼蒼，野茫茫，風吹草低見牛羊」的詩句。非洲人是崇拜牛的，他們認爲牛是神所賜的。

此時航程正飛向撒哈拉大沙漠的上空。說來，也許我和「撒哈拉」有緣，這是我第三次在空中鳥瞰沙漠奇觀。

這次，我才弄清楚，似乎佔了北非大半部的撒哈拉，原是阿拉伯語，就是「沙漠」之意，怕外人不懂，才在撒哈拉下面又加以沙漠兩字。

撒哈拉，在百餘年前，還是一片有着廣大森林、大河的原野沙漠，後來由於長時期豐沛雨量的沖擊，加之風吹沙走，河川早已乾涸，湖沼成爲坏塊，山脈的岩壁也成了化石。

「聞名不如一見，一見勝於聞名。」這次的飛行，由於艷陽高照，沙漠氣候乾燥，缺乏水份，從窗口向下眺望，看不到一片浮雲；但見那起伏不平的沙浪，靜靜地躺在那裡，又像是沒有拉平的黃色地毯。也有些低窪窪的沙洞，從空中鳥瞰，像是一龐大的蜂窩……總之，「沙漠」並非一般人所想像的平坦。

這些從阿必尙上來的旅客，也許早已看厭了沙漠的枯燥，以及單調的色彩，他們都把窗簾放下，閉目養神，有的在看電影，聽音樂。獨有我仍不輕易放過這沙漠之旅，掀開簾幔一角，繼續往外窺視。地面下不斷出現一層層沙丘，彷彿在向我招手、向我呼喚。強烈地震憾着我的靈魂，同時也勾起我無限遐思！不知世界上到底有多少傻子，爲了橫渡撒哈拉壯舉而死在沙漠？沙漠上的駱駝如何生存？據說古代的駱駝商隊多半在早上離開一個綠洲，走半天時間，到第二個綠洲站休息，一天行程不過四十公里，而從非洲西岸到紅海的蘇丹港，有七千多公里，以一天四十公里的行程來算，七千多公里豈不要一百七十多天？

有着沙漠之舟的駱駝，眞是名副其實的忍辱負重，鞠躬盡瘁了！

茫茫沙海上，旣無飛鳥，也無走獸，却發現稀疏的黑點印在沙地上，不知是否在太陽照射下，所產生的駱駝長影？使我遙想一千多年前我國河西走廊，曾有過一長排明駝千里走風沙的壯舉。「絲綢之路」因而通到西方，成爲中西文化交流的主要橋樑。這個古老而又淒美的故事，我炎黃子孫不能不知。

十一點左右，才發現地面上有一大片森林，也有湖泊，想必是沙漠綠洲了。打開地圖看，果然是阿爾及利亞的上空。

阿爾及利亞，是北非最大的一個國家，但是絕大部份是沙漠地區。尤其是南部，全被流沙掩覆。綠洲，像翠玉一樣，分散在中、北部的沙漠上。

有一條彎曲如蛇的長河，不知是否就是黑水河，據說這條黑水，是眞的可以用來寫字的。不久，又發現一些如水蛇般的泉水，攀附在大河四周，在陽光照射下，放出異樣光彩，是那麼浪漫、神秘，可謂沙中一大奇觀。

可惜，我不是畫家，否則一定把它速寫下來。

據說沙漠裡的河流，每個時代的流走都不相同，誰知道這些河，千年後是否尚存在着。

前不久，在國內的電視上（中視六十分鐘）曾介紹過絲路，才知道西域的羅布泊遺蹟，目前已乾涸，只剩上下游附近所殘留的一些小池塘了。而古時的樓蘭國因何而滅，至今仍是個迷，想到風沙的無情，不禁令人唏噓。

我國敦煌石窟，曾一度沉埋千年不爲人知，於九十多年前被西方的考古學家發掘，始發現這是中國古代文化的藝術寶庫。但是，你知道嗎？撒哈拉沙漠上的恩哲爾山脈（Tassili N Ajer）的岩壁中，迄今仍保留了許多史前原始人類所畫的壁畫如：狩獵時的情形，包括了象、長頸鹿、河馬、獅子等動物，可能是世界上最古老的畫廊，可惜在空中無法欣賞到。但是我曾遠望到一些受侵蝕的岩層，我懷疑是否就是畫廊之所在？彷彿我已墮入古老的時光隧道了。

東坡所寫的赤壁懷古詞，其中的赤壁，並非三國的周瑜大敗曹操的赤壁戰場。但地名相同，風景奇偉，又有同樣的傳說，因而借題發揮，大發思古之幽情。

現在，我雖翱翔於異國的沙漠之上，看到的是異國的斷垣殘壁的遺跡，但是也同樣有着東坡懷古的心情。

一望無際的黃沙，使我想到「出了嘉峪關，兩眼淚不乾」的詩句。「嘉峪關」這聳立於戈壁沙漠中的古跡，在明朝時，不知抵擋了多少外族的來侵，如今呢，却任憑風吹日曬。

依稀中，那城牆的影子，彷彿就在不遠處的沙丘上。

同時又使我想到玄奘法師在前往西域取經的途中曾記：「……從比東行大流沙，沙則流漫，聚散隨風，人行無迹，遂多迷路，四遠茫茫，莫知所指，是以往來聚遺骸，以記之。乏水草，多熱風，風起則人畜昏迷，因以成病。時聞歌嘯，或聞號興，視聽之間，恍然不知所至，是以屢有喪亡。」

可想而知，當時玄奘取經的途中多麼艱辛。

如今，這些歷史痕跡，都已隨着歲月的輪子，輾進了滾滾沙海深處。

交通的發達，帶給人們不少方便，如果不是飛機越過沙漠，而要步行的話，眞不知走到何年何月，說不定早已曝死在灼熱的炎陽下。

不是嗎？曾經有一位日本華裔青年，叫上溫隆的，才二十二歲。由於他對於「撒哈拉」的好奇和憧憬，他曾隻身騎着駱駝，準備完成橫越撒哈拉的壯舉；但是，不幸他的唯一伴侶駱駝死在半途，（受不了嚴酷的風吹日曬），後來他又買了隻駱駝，努力以赴，然而無情的沙漠，還是斷送了這位青年的生命。後來他的日記也發表了，以「死於撒哈拉」爲書名，由任永溫女士中譯。

在沙漠上空旅行，特別顯得自己渺小得如沙海一粒，我在想，萬一不幸，飛機失事，我的琵琶將隨我墮落於沙漠深處，則數百年或千年後，是否也像兩年前日本的考古隊，在樓蘭沙丘上所發掘的一具女木乃伊一樣，受到世人的矚目？

樓蘭所挖掘的女人，據考證是後漢時期的新娘，不可思議的是：她頭上戴的氈帽，脚上穿的駱駝皮靴，經過一千多年的風沙侵襲，如今仍可看出當時的模樣。

其他如陶器、錢帛、武器等文物，都曾在沙漠中埋藏千餘年，有些唐代的銅幣，可能是古代商隊掉落的。

十二點半，空姐送來了豐盛的午餐。此時，電影已結束，艙內所有的窗簾幔都拉開了，究竟演的什麼片子，我一點也不知道。

午飯後，從圓窗下望，終於看到沙漠和綠地的交界處。接着就是一望無際的熱帶叢林，很長的一段時間，才出現一片溫潤的草原，一些村落。

看到村落，就使我想到非洲鄉下的很多住屋，是以晒乾的牛糞所築，四四方方的，如火柴盒般，有的屋頂上，再又舖些樹枝之類，以收冬暖夏涼之效。

不久，飛機降落在阿爾及利亞的首都阿爾及爾。此時又上來一批旅客；從他們珠光寶氣的打扮以及衣着看來，這是個富裕的都市，自從撒哈拉發現有油田以來，給該國帶來不少財富。

正午過後，偶有一些薄霧，從窗外飄逝。心想，有雲霧的地方，大概離海不遠。掠過一些高山峻嶺後，但見一朵朵蓮花似的白雲，向機身簇擁而來，令人頓有超塵脫俗之感，彷彿「列子御風」「敦煌飛天」。這些都是古人的想像，而我們都眞的實現了。

不久，我們已完全脫離非洲大陸，浮雲散去，天空如洗。碧藍的海上，帆羣點點，偶爾泛起一些白色浪花，如詩如畫，令人胸襟爲之開闊，而覺怡然自得。

看看地圖以及腕錶，知道這正是「地中海」上空。

頓時，我領略了非洲與歐洲的分野。

南管在巴黎

十月的巴黎，天氣不算太冷，渡假的人們都已回來了。這陣子，正是巴黎第廿屆國際舞蹈節的表演活動；十四個各國舞團被邀參加，包括了我國的臺北現代舞團、美國芭蕾舞團、華盛頓芭蕾舞團、墨西哥舞團、瑞士雙人舞團、以色列舞團……甚至中共的甘肅舞團。

當你坐地下鐵時，就可以在甬道上看到五花八門，別出新裁的演出海報。但是，你知道，就在各國舞團，大展舞藝的時候，一個來自中華民國的管樂團，却轟動了法國，甚至歐洲的樂壇。他們咸認爲這種傳統的，古老的中國音樂，正是他們所要尋找的、挖掘的。

那天，要不是應邀到法國漢學家施博爾教授家晚宴；我眞不敢相信，這個國內所不重視的保安宮南聲社樂團，眞的將來巴黎演出。尤其不簡單的是，他們的年齡平均在四、五十歲左右，最長者爲七十多歲，年幼者爲二十多歲。

其實，早在好幾年前，施教授就有意邀請中華民國的南管到巴黎演出，但是遭到許多困難，未能實現。去年，他親自到臺灣，向有關單位接洽，又南下，正式向南聲社邀請。爲了促成南管到法國表演，可以說兩地奔波，最後，由法國國家廣播台、法國文化部，以及巴黎大學高級社會學院的共同邀請下，終於如願以償，予以成行。

十二位團員的食宿，交通全由施教授安排解決（來回機票則由我教育部負擔）。

那晚，我曾親眼看到施教授不停地打着越洋電話，詢問連絡有關南管樂團來巴黎，以及到歐洲各地巡迴演出的細節問題。

對於這樣一位熱心於我國傳統音樂文化的法國人，眞是令人感佩！

施教授是位社會學家，也是目前法國名漢學家之一。他曾在臺南住過八年，講得一口流利的閩南語和國語。

同時，他對我國的南管甚有研究。他認爲文藝復興時期的法國民間音樂（十四世紀），和我國南管的五音（工、六、仕、一、儀）有相似之處。而且歌唱的內容，亦多以男女情歌爲主。

爲了相互比較，施教授收集了不少南管樂的唱片、錄音帶以及歌詞，甚至還有許多手抄本的線裝書。

他自已也學會了唱，他說這種曲調委婉、旋律柔和的音樂，只有自由中華民國臺灣，才眞正保存了。

禮失求諸野，我感到慚愧的是，平時愛好國樂的我，却沒有好好重視南管的價值。居然不遠千里來到巴黎，在法國人的家中，在聆聽了一晚上的南管錄音帶後，才發現它的特殊！

這是種極注重語言旋律與音樂旋律的一種音樂，它眞是保持了唐宋的遺風！

南管又稱「絃管」、「南音」，所伴奏的樂器是琵琶、二絃、三絃、洞簫、拍鼓、雙鐘。歌唱的人，則手執拍板隨着絲竹相和而歌。

南管的曲子，相傳有三千多首，經常演奏的約兩百首左右。

在民俗樂中，只有泉州絃管古樂（南管）自成系統。無論其演奏方式、牌調、記譜法，以及樂章組織等，都保存得相當完整。它樂曲的形式屬於宋之詞樂系統。

南聲社就是用泉州音唱的。他們第一次出國演唱，是六十八年十月，參加在韓國舉行亞洲作曲家聯盟時，在亞洲音樂傳統之夜中演奏，曾獲得如雷掌聲。他們早已扮演了極佳的「文化大使」，「音樂大使」的角色。

這次是首次來到巴黎；我好奇地問施教授：

「這種音樂，會令歐洲人感到興趣嗎？」

「你們聽我們西方的歌劇，是不是也不懂，但是，很多人也蠻感興趣的，甚至還來到歐洲學習哩！」

我弄得啞然，對了，我是不懂歌劇唱的是啥玩意，但是當我聽到阿伊達歌劇，或是茶花女時，我也會爲之感動。究竟，音樂是人類的共同語言啊！

施教授頗具信心地告訴我：

「南管的演出，一定會引起歐洲愛好音樂的人的注意的！」

果然，不出所料，十月二十日晚，法國國家廣播公司的音樂台，爲了歡迎首次到法國演出的臺南南聲社南管樂團表示歡迎，通宵達旦地現場轉播了南管演唱的實況。而且歐洲的電台都可收播到這項純粹中國傳統的古老音樂。這種帶有「中原文化」調子的音樂，第一次打入歐洲人的耳朵。聰明的法國人，全把它錄音保存了！一如當年保留我國的敦煌卷子；如今已成爲法國的財產，我們要硏究敦煌，非得前往法國不可。

這個現場演唱轉播的地點是巴黎的世界文化中心，從晚上八點唱到淸晨六點；這在歐洲音樂史上，是最長的一次音樂會了；據估計至少有三百五十萬以上的人，可以收播到這場音樂會。這是項驚人的數字，充份發揮了傳播的功能。

到現場來聽的，大都是抱着尋寶、硏究、好奇的心情。在這段演唱時間，你是可以來去自如的，並沒有硬性規定從頭聽到尾。最辛苦的是施教授，他堅守崗位負責轉播工作。當然事先他們曾譯成法文且預先製作了一套有關南管樂曲的解說，以便配合使用。

這次他們演唱的曲子有：梧桐落葉、感謝公主、冬天寒、遠望長亭、告大人、懶綉停針等數十首。歌詞都非常通俗易懂。（爲省篇幅，無法列舉）

十月廿六日法國最大的一家世界報（Le Monde）在文化專欄上特別予以好評：標題是「中國之夜—南管樂曲的豐盛，」茲摘要如下：

「……南管音樂是自十四世紀卽已形成的中國古典音樂中的一種稀有形式的音樂。南管的風格，或是南方的風格，和西方的雅樂如：抒情詩、慶祝樂，在很多方面都有類似的地方，例如歌詞富有詩意，多以描述戀愛的喜悅和悲哀爲主等……（以下介紹南管歷史及組成爲省篇幅略去）

無疑地，對於連第一次試音都能深深吸引住聽眾的音樂，其中必然存在着一些特色……但值得注意的是：南聲社南管樂團是在文化大革命前十支保有南管風格的樂團中，所剩下的最後一支樂團。該樂團，按照習俗，由地方的宗教團體支持而隸屬於臺南的保安宮，不論是從藝術的眼光或是由社會及宗教的眼光看來，該宮均讓南管完美眞實的傳統永垂不朽。

這次，該樂團，像其他樂團一樣地，在法國、比利時、德國有着三週的巡迴表演。在此次演奏會的推動者，也是南管的愛好者，漢學家施博爾・克里斯朶夫（Kristofer Schipper）看來，但願是一項對本國（法國）正急速消失的民間音樂的急救活動。法國廣播電台，將在不久，重播此次演奏會所錄製的音樂。」

南管，在歐洲樂壇，受到這麼大的震撼，不知我們國內是否因此而更加重視這項國寶？我們傳統的東西？不但要保存，而且要發揚，千萬不要去屈就洋人。

法國對甘肅舞團演出的「絲路花雨」並沒有予以好評，儘管他們的服裝鮮艷，佈景華麗，極盡宣傳之能事，但是却被報紙譏爲：「看不出中國眞正傳統的文化，因爲舞劇中加入了外來的舞蹈，如波斯舞、印度舞、阿拉伯舞，如同一個大拼盤！」

所謂「人必自侮而後人侮之」，他們爲了迎合外國人口味，自作聰明地在民族舞蹈中加入異國的玩意，結果弄得不倫不類，變了質。

反之，傳統的南管，雖然從頭唱到尾，沒有任何佈景，却能滿足他們的聽覺與要求。記得不久前，一位美國作曲家，在聽了南管錄音之後：說「這種音樂，不但包含了所有亞洲音樂特色，而且包括了非常複雜和充分發展的形式。……其中還有節奏，與非節奏的韻律，參差的音響。」

究竟南管何以如此令老外欣賞，讀者諸君，只有你自己去想了。

近年來，國內對民俗藝術以及傳統技藝是費了不少心力在提倡。但是，不能只限於藝術季的幾場演出，就曲終人散了，而是要積極地訓練一批接棒的人。

甚至應該將這些傳統文化財寶，音樂，藝術，納入正式教育系統以內，不能讓我們正視教育的文化科目中，充滿西方殖民色彩。

（民國七十一年十月）

參觀巴黎「古董展售會」散記

這是我第三次來到巴黎，是從西非象牙海岸飛抵此地。

巴黎，是歐洲文化之都；每次來，只要有空，就情不自禁跟着人潮走了「羅浮」，去呼吸一下那兒的藝術之氣氛。而這次，我放棄了，因爲我參觀了一項在花都巴黎所舉行的別具意義的國際性古董展售會，可以說，是我這一次作客巴黎期間，最大的收獲。

古董展售的古董，以法國爲主，但也網羅了世界各國古器物，眞是琳瑯滿目，美不勝收；是世界藝人們智慧與心血的大結合。

尤其當你看到我國的古物陳列在西洋人士面前，所博得的讚美聲，你會感到「做一個中國人是多麼地光榮。

在此，我特別感謝法國青年艾維克（ERIC），由於他的推荐，使我眼界大開，獲得許多書本以外的知識，他特別仰慕我中華文化，曾利用暑假，到臺灣來待了兩個月。剛到巴黎不久，對在自由中國的一切，正縈迴腦際，久久難以忘懷。

其實，我和他以前並不認識，完全是一封介紹信。

原來他父親是西非象牙海岸共和國的電力公司總經理，和我駐象國大使芮正臯先生是摯友；爲了協助其愛子來臺學習中華文化，特商請芮大使設法安排。

因此，當我接到遠自非洲的來信不久，艾維克卻翩翩自巴黎來臺北。這段時間，他一方面學習中文，一方面又四處參觀，可以說行程緊湊。當然，也是我家座上常客。要不是巴大開學在卽，他眞捨不得離去哩！

當他獲悉我來巴黎的消息時，眞是喜出望外。通知我無論如何要讓他盡地主之誼，好好接待一番，眞是盛情可感。

記得那天，是個斜風細雨的日子，他在他哥哥的陪同下，前來拜訪我，並邀我前往參觀古董展示會，一見面才知道他的胳臂正綁着繃帶，（前不久施過小手術），手腕彎曲動彈不得，故而要麻煩他哥哥做了一次臨時司機。他哥哥是巴大醫學院學生，一副文質彬彬的樣子，對我更是禮遇有加，他也希望有一天能來臺灣看看。因爲艾維克在臺灣拍的好幾本照片，深深地吸引了他，我當然竭誠表示歡迎。

在驅車前往香舍里樹的途上，艾維克迫不及待地把他在臺灣和我家人拍的照片給我看，而且用純正的國語說：「我下一次一定還要去長一點時間。」

他也拍了許多鹿港、台南……等地的廟宇民俗。很多鏡頭都是我們不曾留意到的，可見他的觀察入微。

香舍里樹，眞不愧是世上最繁華的大道。在此，看不出能源危機；十線快車道上，車水馬龍，遊客進出於各大時髦服飾店展售會場，位於香舍里樹的大皇宮（Gr-ar.l Palais），門口早已擠得水洩不通，從衣着上看，大都是中年以上高級知識份子和腰纏萬貫的古董商。

門票一張廿五法郎，合臺幣將近一百八十元左右。

會場裏，相當氣派壯麗，來自各國古董舖，一家挨着一家。大門敞着，任人進進出出，觀賞議價。

貨物包羅萬象，應有盡有，小自耳環戒子，大至床舖、地毯。其中尤以珠寶、瓷器、名畫、吊燈最多。大都從各貴族家庭收來的。年表愈久，價錢愈高。但是古董的年代，是很難蔵定的。

無論如何，置身其間，已令人陶醉在藝術與文化的成就中。

遠遊西方，當然比較好奇，想知道的也是西方。

那些鑲嵌了金銀寶石等奢侈的金屬工藝品，實在精細工巧；包括時鐘、吊燈、鳥獸、帆船模型等飾物以及和宗教有關的香爐、燭台、聖經盒等。充份表現了過去人們的生活型態，這些工藝大都出自威尼斯工匠之手，有種高貴與莊嚴的風格。

西班牙的吊燈也不少，式樣有鳳冠形的、彩球形的，蜂窩形的，各式各樣，頗有情調。

時鐘，多是古老的壁掛鐘，雖然年代已久，仍能左右擺動，按點報時。

珠寶鑽石的手藝，更是精細有加，其中一家叫夏約美（Chaumet），是法國最古老的珠寶商，開設於一七八〇年，首飾的特色是厚重堅實，而且有親切感；形狀大都以鳥類、花草爲主。材料以綠寶石、紅寶石、小碎鑽爲主。該店的設計式樣，深受拿破崙的欣賞。

瓷器部份，西方也好，東方也好，各具風貌。

細觀之下，義大利的有着濃厚的王公貴族圖案，以及繁雜的色彩。波斯瓷器的圖案，大都以深藍、深紅爲主色，而且以鬱金香、康乃馨的花樣最多。英、法的瓷器，看起來細緻、典雅。西班牙的，乍看之下，某些花鳥虫魚似乎模仿中國，大概是十八世紀的產品，不適用色較濃。

不可否認地，十九世紀中國磁器上特有光澤吸引了歐洲上流社會，成爲家庭客廳內的主要擺飾。

展售會上，中國的磁器觸目皆是，使我想到英國的維多利亞博物館內，陳列了約九千多件的陶磁品。

當艾維克在會場上看到許多我國十八、十九世紀的珐瑯彩色花紋大花瓶，或景德鎮的青花瓷盤時，不禁驚訝地問我：

「我不明白，在歐洲爲什麼有這麼多中國瓷器？」

「還不是你們祖宗幹的好事！」我心想，跟子孫無關，何必傷感情呢？算了，忍住吧！反正，還是過去的歷史。這筆帳，是算不清的，難怪他們子孫不明白！

至於法國古董，大都以路易十六，及拿破崙時代的爲主，繡織掛毯啦、水晶吊燈啦、桂樹枝葉爲圖案的描金沙發啦，都是很精緻的手藝，亦可想見昔日帝王將相的奢侈浮華，不過你參觀過凡爾賽宮、楓丹柏綠宮的話，這些就不足爲奇了。

中東各國的手工壁毯、地毯，都有着濃厚的宗教色彩，土耳其的很有情調。

在這些地毯之中，一張最醒目的就是以金黃色爲底，氣派十足的「龍鳳呈祥」地毯；又厚又大，沒註明出產國。

我忙告訴艾維克兄弟們：

「這是我國地毯，可能是清宮用的，十九世紀產品。」

艾維克對中國古物，甚感興趣，他指着壁上一幅擁有一萬五千法郎（約臺幣十萬五千左右）的中國水墨畫問我知不知道這個作者？有沒有名？

我走近一瞧，是位署名「劉蘭」所畫的松下老人，並題有道光二十年畫的墨跡，這下可考倒了我。

「大概是位女畫家吧，劉蘭是誰呢？」我喃喃自語。

「我不敢確定是不是名家，清代的畫家太多了，我搞不清。

我據實以答。

我特別把劉蘭記下，回國查證結果，確是清代女畫家，大興人（今北平），工詩人，善山水花卉等。她是劉寬夫之女，吳福年之妻、其子亦以畫名。

西方人士對咱們「玉」製的古玩，特別欣賞。這可以從展售會上，無以數計的玉器，得以證明。同時，使我想起維多利亞博物館內，收藏了不少商朝的玉器，如鳥紋玉佩、舊玉素璧等。

不過若看到殷虛婦好（殷高宗武丁之夫人）墓裏的玉器，這些又不算精品了！

艾維克好奇地問我：

「你們古代的人是不是都喜歡佩玉？」

「是啊！君子必佩玉，玉在我國至少有五千年歷史，和我國文化着極密切的關係。在商朝時，玉佩、玉璧、玉斧是極普遍的。大丈夫寧可玉碎，不爲瓦全，是我們儒家忠貞哲學」

我指着一些鼻煙壺（玉做的）。說：

「這些玩意是可以捏在手中玩的，邊玩邊用鼻子去嗅，有着怡情養性作用。」

在此展售的鼻煙壺，大都是十九世紀的製品，圖案以水菓、動物、美女爲主。從色彩上的濃艷，可窺出受到西畫的感染。不止是玉器，也有琺瑯、玻璃、瓷器類。

至於牙雕的古玩，也有不少。一個象牙雕刻的彌勒佛，被一個玻璃櫃框着。由於他滿臉堆笑，一副自得其樂的樣子，引來了不少圍觀欣賞者。

彌勒像，雕塑得相當生動而有趣味，他的嘴咧得很開，嘴角向上翹着成一弧形。眼睛瞇成一條線，又挺着個混圓的大肚皮。衣襟敞開，光着脚丫，衣褶自然優美，但却不知出於誰手筆？你看了也會跟他笑。

「佛、道所謂『曠達自適、渾然忘我』的境界，正可從這尊牙雕像上看出。」我告訴艾維克，他對我國老莊哲學有興趣。

這座標價九千八百法郎的玉佛，不知會被誰購藏？

其他還有牙雕的山水屏風，上面樓閣人物，花鳥山水，眞鏤刻得唯妙唯肖，嘆爲觀止。

十七世紀到十八世紀的中國傳統漆器家具（康熙年間），頗受歐洲人喜好。展出的漆器家具中，多半是描色彩漆、龍鳳紋，或牡丹花紋，很有古意。不知是否仿古的？後來我在比利時的古董店也看到好多，是仿古的。

歐洲立委代表苑國恩先生，在巴黎就開了一家漆器工廠專做仿古的家具，生意興隆供不應求。他的子女們在巴黎大學唸書的時候（有讀化學系的，物理的系，經濟系的，醫學的，個個名列前茅），但他們都可以利用課餘在家幫忙上漆、磨光、繪畫、雕刻等漆器家具的製做，無形中，把我國的藝術介紹到海外。這是門相當考究的工藝，一層又一層地上漆（不能厚），至少數十遍後，方可用刀雕花紋。

我曾在維多利亞博物館看到一座雕漆龍椅，是乾隆皇帝用過的，四週圍以繩索，吸引不少遊客。

一想到這些寶物已淪爲人家的手中，眞是不勝感慨！

西方人喜歡馬，對我國的唐三彩特感興趣。

好幾座唐三彩馬及駱駝之類飾物，出現在展售會上，且吸引不少遊客。

不知是從那裏收來的？和我在博物館看到的，一模一樣。以黃、綠、白三色爲主的顏色，仍然保持鮮明的光澤。

不知是否「中國風」吹到歐洲？我更在一位法國友人家中的桌上，看到一個唐三彩馬，栩栩如生，屹立不搖，如果不是友人告訴我這是仿製品，我還當眞是古物哩！

艾維克告訴我，在這個展示會上，是不會買到贗品，所有的古董出售，都可拿到鑑定書，上面有着具有權威性（世界公認）的鑑定簽的字。

一些出土的漢代陶俑也不少，武士、侍女，臉龐都是純樸，自然生動的。陶俑，本來都是陪葬用的，出於民間藝人之手，沒想到二千後的今天，却出現在大庭廣眾之中，身價百倍眞是不可思議！

舞俑、樂俑身段靈活，表情輕鬆，惜手執樂器有些受損。

一個玻璃框框了一個出土的青銅器，沒有註明年代、價錢。（我有點疑惑，出土的古物何以會在此地出現？）但是打聽之下，得知確是商朝的。

古董行內有句話：「三年不出門，出門吃三年」，不過，像這類高級品多半是有行無市的。

面對這個帶有泥土的青銅方鼎，我沉思良久，似乎墮入好古好遠的時光隧道裏：

一個炎黃子孫，遠從東方來到花都巴黎，在這熙熙攘攘的人羣中，獨自行立在三千年前祖先遺留下來的國寶前，神馳不已，久久不忍離去。

這種感受，又豈是身邊這位熱愛中華文化的法國青年所能體會的呢？

比京過客

——一次愉快的旅遊

多次出國旅行，算這次航程最長最遠。從九月十二日隨作家訪問團，前往韓國、日本開會參觀。接着就馬不停蹄，獨自到香港轉機，逕向西非象牙海岸飛去，翻山越嶺，並在撒哈拉沙漠上空，飛行達五小時之久，總算二十多少時的航行，爲的是應邀參加象國國家電視台一項「介紹友邦」的節目。

在象牙海岸待了十天，度了個中秋節，欣賞了非洲的月亮。於十月十二日週六下午，整整花了五個小時，在螢光幕上介紹我中華民國的經建、文化、國情等。這項又名「週六美景」的單元，係由我駐象國大使芮大使負責主持，並配合影片、記者現場訪問等。我除了接受訪問外，並介紹示範中國樂器。

宣揚我大漢天聲之任務完成後，揹着一台非洲樂器（我國古箏則留在彼邦），又再度飛越撒哈拉沙漠、地中海，來到了花都巴黎，接着又來到比京首都布魯賽爾，眞是「八千里路雲和月」，爲的是趕來參加此地中山文化中心所舉辦的國慶活動啊！

國慶日晚上應邀參加國慶晚會，華僑們無論男女花少，皆聚集一堂。節目包括了舞獅歌唱，以及比國人演的鬧劇。本人亦抱了琵琶上台，獨奏了一曲「將軍令」以示祝賀我軍容整齊，國運昌隆。

十二日，在中山文化中心所舉行的酒會，也是相當熱鬧。外賓來了約三百位，再加上僑領、留學生等，眞把大廳擠得水洩不通，好不熱鬧。

從花都來到比京，好有一比，巴黎，這個迷人的城市，如同一幅浪漫派的畫。而比京，則清新得如同一幅恬淡的國畫。到處是林蔭夾道，一幢幢的花園汽房，在陰霾的天氣下，只見一片灰白色的尖頂。垂楊在煙雨濛濛之中，更是富有詩意。

比京最熱繞的地方算是廣場了。它的四周環繞着市政廳、國會、司法院。這些古老的建築，使得大廣場更形壯麗而氣派，這裡也有許多有盛名的咖啡屋、餐廳。來到比京，如果不去一睹小兒撤尿的銅像，則虛來此行。

其實，小童並不很小，他高高地站在一個約兩公尺高的石座上。右手做撤尿狀，左手撐住腰，肚子微突，一副頑皮像。

好心人士，怕他受涼，每天替他披件不同顏色的衣服，因此更吸引了遊客的駐脚。

這位名叫曼奈皮斯的小童，是由雕刻家杜哥瓦所塑，大概有六十年歷史。傳說，當初是一個富家兒子失蹤，後來在這街角發現，因而鑄像紀念。另一傳說是某次市政廳電線走火，該童撤尿而予滅熄，故而紀念之。

管他呢，時至今日，這個撒尿的小童像，的確使這條街成爲觀光地區了。一排排土產店內都售有小童撒尿的小銅像，我也買了一個，準備帶回去送給小兒子。

原子能塔，也是比京的名勝地之一。它是由巨大的幾根白色金屬柱子和九個白金圓球所組成。是座具有線條美，力學美的建築。於一九五八年完成比京的標誌。

沙伯龍教堂（Sablon）附近的古董市場，也是令人留連忘返的地方。是離開比京的前兩天，承蒙陳銑陪同，去參觀了一個規模宏大的古董市場，在古董市場內的一個沙龍，正展出名塑雕家羅丹（Rodin）的作品，不收門票。由於有九國共同市場設於此，所以此地很容易接觸到各國的文化、藝術，是個人文薈萃的大都市。

比國，是個工商業發達的國家，但是並不因此而疏略了國民生活素質的提高，這點是值得效法的。

離古董市場不遠，就看到一排古老建築，原來這是皇宮，門禁森嚴，有衛兵站崗，一如白金漢宮，對面是皇家公園，樹林茂盛，古木參天。其中也有類似凡爾賽宮之噴泉，人們悠閒地園內散步。公園的門上有許多金屬雕刻、柱子等，很是氣派。

在黃志鴻夫婦的引導下，參觀了魯汶大學，在這裡，看不到高樓大廈。法學院、圖書館，都是古老的建築，而人們也是靜悄悄的，彷彿到了劍橋。記得，好多年前，到達劍橋，走出車站，就是靜靜的街道，道旁也是古老的，爬滿長春藤的建築。一踏上劍橋，就自然而然染上了輕聲輕語的習慣。此地，也是如此，雖然已經開學，却無喧嘩之聲。

留比的同學不少，大半是半工半讀，在比京打工比在巴黎容易。許多留學生利用寒暑假，結伴坐火車來打工，因爲賺錢機會多。有些乾脆放棄學業，在此經營餐廳，自己做起老老板來。

這裡因生活安定，房租便宜，社會福利好，人們很容易就住上個十年廿載的。

（民國七十一年十月）

滑鐵盧去來

離開魯汶之後，我們即向古戰場滑鐵盧（WATERLOO）駛去。滑鐵盧，布魯塞爾的西北方向、由於道路平坦，加之偶有小紅磚點綴其間，如同置身畫裏，毫無倦意，途經一廣大森林，樹幹全是筆筆直直的，樹葉却是密密麻麻的，眞是古木參天，有着原始風味。

鳳西說她的孩子，冬天都到森林裏跑雪，好樂！難怪歐洲的小孩個個身體結實，紅光滿面。他們注重的是戶外運動，生活教育，和國內同年齡孩子比，他們的自然常識就要豐富得多。

一路上邊聊邊看風景，車行約四十分鐘，不知不覺抵達舉世聞名的古戰場舊址滑鐵盧。這是座有一千五百公尺高的萬人塚。綠草如茵的山丘頂上，聳立着一個巨大的銅獅子，雄姿英發，不知是不是拿破崙的化身，獅頭是朝着法國的。

由於旅遊季已過，遊客稀少，煙雨中憑弔這歷史遺跡，不禁感慨萬千；使我想到楚霸王項羽，垓下被圍，四面楚歌時，所唱的「時不利兮騅不逝，騅不逝兮奈苦何。」拿破崙用兵如神，想不到却在此戰役一敗塗地。古今中外英雄，竟有命運如此相同者。

山丘的下面，是一圓形建築的博物館，裏面有高出的平台。登此，可瀏覽圓形四壁的戰役油畫；每一個畫面，都是當時的戰爭實況，地理位置也和當時的相似，譬如左前方，有一個修道院，而壁的左方亦畫了一個修道院，絕非虛構，環顧四週壁畫，如同置身歷史之中，其中有一個畫面就是歐洲聯軍八面衝來，刀槍林立，而法軍則一片混亂的景象。最後法軍在英、普軍的夾攻下，血肉橫飛，走投無路，眞是慘不忍睹，加上壁畫與看台之間展示了一些法軍人仰馬翻，搶天呼地的佈景，人、馬都是蠟做的，還有假屋假樹。更是令有身歷其境之感。

據說這幅巨畫的作者，花了十年工夫，才予以完成。這種默默耕耘的精神，是令人欽佩的。

博物館的樓下，有一陳列館。其中有一個拿破崙的銅像，是在拿氏臨終時所模下來的。面部表情如栩栩如生，作者是安東馬歐爾和畢棟Antenachi Burton。

館內也有不少紀念品，因向寬弟善於繪畫，特買了一橫幅的油畫仿製品攜回，供他參考，因爲油畫中馬，匹匹和眞的一樣，而且表情不一。

歸途中，再也無心欣賞窗外的景致了，油畫中拿破崙焦急如焚，以及聯軍首領奧奇被圍，受傷之慘狀，又一一浮現眼前。只恨這隻拙筆，不能用文字把油畫一一描繪出來。

（民國七十一年十月）

鑽石加工廠記行

在中山文化中心舒主任的率領下，我們一行十人分乘兩部車子，向比京布魯塞爾的西北方向駛去。準備前往安特威甫城（Antwerpen），參觀鑽石工廠。

這個難得的機會，是由中山文化中心范秘書所接洽；本來是不可以擅自進入的。尤其是鑽石交易中心，除非是會員方可入內。而會員也必須有兩位會員的推荐，且有兩年以上的鑽石生意經驗。一旦申請入會，卽將遵守規定，如有人失信或犯規，則公開其姓名照片於各大交易所，由此可知其會員之難得。

從比京出發到安特威甫城，約一小時路程。

我們曾經過北大西洋公約總部，也經過一個又長又寬的隧道。內部燈火通明，工程之偉大，嘆爲觀止。

高速路上的路燈密佈，有單管、有雙管，有長方形也有圓形，彷彿是燈管展示會。電桿有高、有矮，燈的明暗完全是電腦自動控制。一路上，亦經常看到紅十字的標誌，是讓受傷的人，就近到診所醫療。據說比國人特別注重人道精神；馬路上如有人摔倒，四周的人們會立卽放下自己的工作，爭相予以扶助。他們流行的話是「救人第一，金錢其次」。這種精神，是令人感佩的。

安特威甫，是歐洲最大的商港，以「荷蘭」語爲主。街道則比比京髒亂，商店亦多。有很多中國餐舘，大都是從香港來的。

下了車，步行到工廠時，曾經過一個很大的火車站，據說是庚子賠款時所建。如今是歐洲最大，也是最重要的聯絡站，它可以聯絡法國、盧森堡、瑞士、荷蘭等國，鐵路網密度甚大。

到了鑽石加工廠後，一位靑商會的負責人，比籍人士，致了歡迎詞後，卽帶我們到一家鑽石交易中心。

此地，門禁森嚴，驗過身分證、護照後，始得入內。

在這個又高又大的廳內，一排排桌子，坐滿了來自世界各地的鑽石商。但見他們一把把的把鑽石從皮箱中取出，攤在桌上，互相交易，談生意。

高大的落地門，是特製的玻璃，可以防止陽光的照射而使鑽石保持原有光澤。

交易的時間，通常是十一點到一點。

當然，在此購買鑽石是萬無一失的，但是對我們參觀者來說，只有大飽眼福的份。

交易中心出來後，又回到加工廠。首先參觀玻璃橱內的陳列品。令人難以置信的是：一塊礦物變成鑽的成分，至少要一百萬年以上的時間，經過加工處理後才成爲人見人愛的鑽石。

此地的鑽，大部分來自南非和剛果。經紀人，以猶太人居多。

在另一個玻璃櫃內，看到一個秤及一顆紅豆。這種果實，在任何氣溫下，均保持其本來的重量。因此，用它的標準來秤鑽石，是無可置疑的。

鑽的加工，最艱鉅的就是切割部份，但見一顆顆原始的鑽，被粘在一根鐵柱的頂端，然後橫過來，和一種唱片大小的鋼板摩擦。這種鋼板是塗了一層油和鑽石粉。換句話說，就是以鑽石粉來磨鑽石，而使鑽石的光擇不損。

這個輪盤所轉動的速度，相當驚人，每分鐘一萬轉。而一克拉的鑽，需費時三小時。初步的切面工作完成後，卽有專人，予以磨光。一般擔任這種工作的，必須要學三年才能畢業。至於鑑定鑽石的眞假，則要學習二年。

每個人桌子上，都平放着一個大大的烏鋼轉盤，其速度快慢，看鑽的硬度而定。他們每個手都揑一個鑽，邊磨邊用放大鏡看，一副自得其樂的樣子。想來他們必是終身以此爲業，，而且樂此不疲！

鑽的標準面，是五十七面，每磨一次就是兩個面，上下、左右，加上最上面的一層，正好五十七面，當然面愈多愈好，愈光亮。

有一個陳列舘，玻璃櫃內，放置了大小不一的鑽石，最大的五百多克拉，雖是贋品，但亦以假亂眞，看得目眩神迷。

約黃昏時分，我們才依依不捨離開了這座海港。

歸途中，但見公路上星羅棋佈的路燈，正大放光彩，而且是通宵達旦的。

中山文化中心副主任筑生兄戲言：「在月球上看地球，只看到兩樣東西，一是萬里長城，一是比利時高速公路的燈。」不知是否有點誇張。

滿載友誼之船

——南非訪問記——

所謂「行萬里路，讀萬卷書。」這次南非之行，不僅把中華文化撒播到非洲的土地，同時也擴大了自己的視野，充實了自己的知識；尤其難能可貴的是：藉著文化友好訪問團的表演訪問，結識了一些可敬佩的華僑朋友。

這次組團，是以中國文化大學友好訪問團爲名；其目的藉著華岡人的才藝及友誼，來溝通僑胞以及非洲人士的感情。

本人忝爲成員之一，僅就訪非經過情形略述於下：

訪問團是應留尼旺飛豹體育協會以及南非約堡中華文化中心之邀，於本年七月廿七日啟程前往留尼旺、模里西斯、南非等地訪問表演，歷時廿五天，計演出十五場；所到之處，無不掀起一陣高潮；而團員們演出的辛勞，也都因當地人華僑的熱情接待，而煙消雲散。

模、留兩島，彷佛是被世人所遺忘的兩個地方。殊不知這兩個地方的華僑，絕大多數是心向祖國的。

位於非洲大陸東南側，模、留兩地雖是彈丸之地，却是印度洋上的兩顆明珠。

前者，本係英屬，地形如蝴蝶，於一九六八年獨立；是我國遠洋漁業的重要據點，同時它還控制了印度、南非和澳洲航線。島上風光綺麗，華僑約三萬，是非洲華人最多的地方。

後者，是法國海外行省，地形如龜殼，與馬拉加西遙遙相望。島上風景幽美，氣候宜人，而都市建設，一切以法國馬首是瞻。華僑約兩萬，大都經商，也有從政的、從醫的、會計師的、公務員的，有著崇高的社會地位。

南非，位於非洲南端大陸，以產黃金、鑽石聞名於世；其中約翰尼斯堡（簡稱約堡），以黃金起家。是南非最大商業城。目前旅居在南非的華僑只有九千多人；大都是從南洋、模里西斯、馬拉加西移民來此。由於我國與南非邦交深厚，華僑們都已安居樂業。至於精神食糧——文化方面，尚嫌不足。有鑑於此，約堡的華僑在去年成立了中華文化中心。一方面宏揚中華文化，使其在非洲成長、茁壯；一方面加強華僑團結，意義深遠。本團此次應邀前往南非，其目的之一就是參加該中心成立一週年的慶祝活動。

這次出國演出的節目包括了傳統的中國舞蹈、國樂、功夫等。中視歌星倪賓、沈香亦同行主持節目並唱歌。

舞蹈的節目，則包括了銀盤舞、老揹少、馬車夫之戀，鐵扇功夫舞、太平鼓舞、陽明春曉、彩鳳飛翔、槍舞、山地舞等。

留尼旺華僑所印製的節目本上，分別刊登了留尼旺文化運動中心主任賈克以及飛豹體育協會會長張安元的歡迎詞。

文化運動中心主任特別強調：「中國文化友好訪問團演出，是他就任以來的第一個文化活動；留尼旺的人們能藉此觀賞傳統的中國舞蹈、國樂等精彩節目，將感到不勝欣喜。」

飛豹體育協會主席的歡迎詞是：「文化訪問團蒞臨留尼旺島，乃是旺島渴望期待已久之事；同時訪問團之蒞臨適逢關帝寶誕，更是增加歡欣鼓舞的氣氛，華僑將藉此機會，擴大慶祝。一九七九年，梅花文化訪問團首次蒞臨旺島時，團員們精湛的技藝和優美的風度，早已陶醉不已，這次該團帶來了更精彩的節目，希望大家不要錯過這個機會，欣賞並認識優越的中華傳統藝術……」

在留尼旺的八場演出，各報章雜誌均以大篇幅報導，電視臺晚間新聞也都介紹了我們的節目。

其中有二場是在郊外的露天劇院演出，觀眾必須驅車前往，一時車水馬龍，盛況空前。可容納二百人的大舞臺，沒有頂，沒有幕，背面則以大自然風景爲佈景，頗有情調。微風輕拂時，臺上的彩帶舞，飄飄如仙，令人如醉如癡。次日報上刊登了大幅劇照，可謂轟動一時。

八月十日，在模里西斯的那場演出，是既緊張又興奮；由於中共人員向模國政府抗議，不准訪問團在劇院公開演出；華僑們暗中部署，在關帝廟廣場前演出。場地雖然不便，但是卻吸引了兩千多華僑。一時人潮洶湧，把關帝廟擠得水洩不通；其中還包括了兩百多位來自中華民國的遠洋漁船船員。感謝關帝的保佑，使得節目順利進行，雖然有中共人員在旁監視，但是當表演結束後，倪賓慨慷激昂地領導大家齊唱梅花及中華民國頌時，僑胞的愛國情操、反共的決心，使那些蠢蠢欲動的中共人員只有在旁乾瞪眼。

中共近年對於非洲國家極力拉攏，也經常派團到非洲訪問演出，但是由於共黨的專制，這些團體，只限於舞臺上的表演，而不能走下臺來和當地的僑胞和民眾自由交往。反之，自由祖國去的文化團體，很快就能和僑胞及當地人七打成一片而無所拘束，這正是民主與極權最大的區別了！

在南非約堡蘭德大學演出時，我們懸掛了兩國國旗，當我們手持中華民國國旗出場謝幕，唱「中華民國頌」時，臺下的友邦人士均起立致敬，眞是令人感動。

南非四大報紙：星報、每日郵報、星期日時光、國民日報等，均以大幅版面報導我們演出的劇照，這是中非文化交流的第一步。

在斐京演出時，地點是在市政廳，華僑們用我們的劇照，剪貼了兩行極爲醒目的大字掛在舞臺的兩旁，那就是：「中非團結，友好合作。」而且臺的四週擺滿花藍，眞是花了不少心血。

除了表演外，拜會方面我們訪問了留尼旺飛豹體育協會，與他們交換中文教學經驗，記得四年前來的時候，許多華僑子弟不會說中文，這是留島華僑的隱憂，但是現在已有很好的成果，不但會說，而且會寫，他們寫了許多歡迎我們的標語，貼在牆上，希望藉著我們的來到，激發他們學習中文的興趣。

在此，特別一提的是項磅市的一位華裔市長曾憲建先生；他之所以有今天，完全是靠他自己刻苦、奮鬥成功的，加上他具有中華民族傳統的樸實，勇敢與仁愛的美德，贏得了當地人民的愛戴。

曾市長在他的鄉村別墅設宴歡迎我們，雖然是個微風細雨的天氣，由於市長的熱情招待，使我們有賓至如歸之感。

此外，我們參加了八月一日在聖啤市關帝廟所舉行的關帝寶誕大拜拜；這是留尼旺僑胞一年一度的盛舉。他們特別出了一本中、法文的關帝故事特刊，旨在發揚祖宗的美德。關帝廟的主持人是陳雄麟先生，是位在海外發揚中華文化不遺餘力的人士之一。是晚，我們表演完後，即趕到關帝廟參加子夜十二點正的主祭大典，殺猪宰羊，香火鼎盛，各僑團代表祭祀完畢，即吃壽麵、壽糕。次日中午在關帝廟內再度正式的聚餐慶祝，席開兩百桌，約有二千多人華僑參加。川流不息，如同國內馬祖廟大拜拜。

爲了歡迎我的抵達，僑胞們分別設宴款待，並陪我們遊覽名勝，盛情可感。

在南非，我們曾拜訪了伊麗沙白市市長范遜爾先生，並參加在該市市政大廳所舉行的歡迎茶會。伊市和我國臺南市已結爲姊妹市，他不時提及蘇南成市長。約堡市和臺北市也是姊妹市，我們訪問南非期間，正是臺北市楊市長應邀訪問約堡市的幾天，報章雜誌大篇幅報導我們的節目以及楊市長的訪問活動新聞照，可謂相得益彰。

此外，我們也參觀了約堡華僑國定中學、伊麗沙白市的中華中學。訪問國定中學時，適逢南非植樹節，我們參加了由該校董事長霍汝錦所主持的植樹儀式。

八月十四日，中華文化中心成立一週年的晚會，也是盛況空前，連禮堂外面都擠滿了人。晚會開始之前，先由舞獅隊在文化中心門前的廣場上揭開序幕，然後晚會開始，由文化中心主任霍汝錦及總幹事歐鐵主持。除了我們的舞蹈、國樂外，還有僑社演出的粵劇，節目長達四小時，更進一步縮短了與僑胞之間的距離。駐南非大使楊西崑在會中致詞，特別強調：「尋求中國人在南非獲得平等待遇，是每位華僑的責任。每位華僑在行爲中都應該表現我們是一個有五千年悠久文化的民族。」

楊市長致詞時則表示，中華文化中心在促進華僑團結及加強南非人民對中華文化的瞭解上，有莫大的貢獻。

難得的是，最後晚會結束時，楊市長夫婦及他所率領的議員們，也都登臺和我們高唱「梅花」「中華民國頌」，慨慷激昂，僑胞們也同聲應和。我的古箏也慨然捐給了文化中心。希望這是一粒種子，撒在非洲的土地上，早日能開花結果。

訪問南非期間，在潘國煊僑領夫婦的陪同下，特別從伊麗沙白市向南飛，抵達開普敦遊歷一日，而沒有演出。使我們完全輕鬆地遊覽這南非最古老、最美麗的城市。

開普敦別名Mother City，是南非立法首都。一六五二年，荷蘭東印度公司在開普敦登陸，首先發現了這顆海上明珠。

位於開普敦北端向南伸展的桌山Table Mountain，是一個壯偉的景觀，也是此城標誌，我們曾乘纜車到山頂欣賞全市風光。

之後，再又沿著東海岸公路向著名的好望角駛去，一路風景如畫，美不勝收。好望角，是非洲大陸的終點，也是大西洋和印度洋的交會點。開普敦另一吸引觀光客的，實是它擁有一座世上最大的植物園，這眞是個多彩多姿的城市。此地的中國人只有三百人左右。並有一家名叫龍園酒家的中國餐館。

雖然只有二十多天的訪問，但是對於華僑們的悉心照顧與熱忱的接待，眞是令人難以忘懷。同樣地，我們的演出，也給他們留下深刻的印象。

希望今後有更多的文化團體向非洲進軍；不但促進中非文化交流，而且能維繫，並加強海外僑胞的向心力。

（民國七十三年八月）

好望角掠影

「文大」友好訪問團一行，在南非第三大港伊麗沙白市訪問演出後，隨僑領潘國煊夫婦，又來到了非洲大陸最南端—好望角遊覽；雖是匆匆的一瞥，却留下了難以磨滅的美好印象。

×　×　×

從伊麗沙白市到好望角約兩小時的航程。

飛機是早上九點起飛，天氣晴朗、萬里無雲。窗外伊市的建築、道路、以及濱海景色、在陽光照射下，顯得特別亮麗。

起飛不久，脚下呈現了一片藍澄澄的海。打開地圖一看，才知道這是伊麗沙白海灣，它像玉盤一樣，綠中加藍，美極了。

每次旅行，我絕不錯過任何大自然的景觀；尤其這擁有廣大海洋、平原、沙漠、森林、山丘、高原的南非！

飛越海灣的彼岸，繼續沿着南非的東海岸飛行，更是令人賞心悅目；左邊是一望無際的印度洋，右邊則是廣闊浩渺的大片平原。疏疏落落地點綴青葱的田地。

白色的浪花輕拍着沿海的沙灘，像給海鍍了道銀邊，大自然是如此的恬靜而和諧，彷彿飛臨在世外桃源，人間天堂。

約一小時左右，飛機經過一個盛產駝鳥的喬治城（George）。聽說南非鳥的種類有九百種，而其中以駝鳥最爲著稱；難怪駝鳥皮包是南非特產之一哩！

再起飛時，臨窗而望，脚下仍然是海灘、平原、田地、房舍、以及縱橫的道路。偶然發現一兩條彎曲如蛇的黑河；這景象，去年在象牙海岸飛往巴黎的撒哈拉上空時看到過。不知是否是非洲的特色？繼續向東南飛行，是大片山丘、深谷，無樹無草，佛彷是風化已久的荒山頹垣。除了沿海一帶土地肥沃外，內陸仍是貧脊，好久好久才飛出這片渺無人煙之地。南非之大，超乎我想像之中，此時眞正體會到「念天地之悠悠，獨愴然而淚下」的心境了。

記得從約翰尼斯堡市到伊麗沙白市，也是飛行近兩小時。觸目所及，不是草原，就是山谷、河流。心想，南非眞是「地大人稀」啊！

約十一點左右，飛機降落在開普敦機場，我駐開普敦傅領事夫婦，及鍾姓僑領早在等候多時，辦好手續及清點行李後，即驅車到市區的旅館。

第一印象是：這是個相當乾淨的城市。空氣新鮮，街道整齊。一幢幢紅瓦白牆的花園洋房，掩映於綠蔭叢林中，顏色鮮艷無比，原來此地的建築仍保存荷蘭遺風。

行李安頓好後，兩部中型遊覽車，開始了好望角之旅。

首先驅車去有名的桌山（Table Mountain）；顧名思議這是一個看上去好似用刀鋒削平如桌般平坦的山丘。

海拔一千多公尺的桌山，位於開普敦北端向南氣勢宏偉壯麗，是南非的一個標誌。

車子蜿蜒而行，駛到半山腰，然後再登上纜車繼續向桌山最高峯爬。乘坐纜車，除了刺激外，還有着居高臨下的經驗；在此可以俯視印度洋以及建於桌山山麓下的海角本島全景，有古代的城堡，有現代化的建築，也有四通八達的公路網，不愧是一個多彩多姿的城市。

好望角（Cape of Good Hope）又稱角城，是南非古老城市，也是南非聯邦的發源地，人們親切稱她爲母城（Mother City），她位於桌灣（Table Bay）和福爾斯灣（False Bay）之間，曾是充滿歷史性的暴風角（Cape of storms）。最早於西元一四六八年由葡萄亞人地亞士（Diay）發現。後來取名好望角，意謂從此有直航印度之希望。舊稱開普殖民地。

一六五二年，荷蘭東印度公司的理貝克（Riebeeck）在開普敦登陸，再度發現這顆明珠，認爲係非洲大陸對外最主要的通道。一八〇六年爲英所據，一九六一年脫離英國統治。爲南非共和國一省。如今它不但是一個商賈雲集，輪隻輻輳的商港，而且是有名的渡假勝地。

纜車緩緩而上，十分鐘左右抵達了海拔一千二百多公尺的桌山站。拾級而上，登到一個空曠的平地，游目四望，立覺心曠神怡，飄忽的雲霧，不時從四面八方湧來，整個山城彷彿披了層薄紗，有種迷濛濛之美。

此處有個設備典雅的餐飲店，供旅客休憩。高處不勝寒，一杯咖啡在手，也驅走不少寒意。

販賣零食的老板娘，笑臉迎人地問我們來自何方，當她知道我們是來自中華民國時，不

時提及 蔣公介石的大名，由於她對 蔣公的崇拜，我特地從皮包中找了一枚鑄有 蔣公肖像的十元硬幣給她，而且合影留念，眞是海內存知己啊！這給我一個經驗，以後出國，一定隨身多帶幾枚我國硬幣。

離開桌山後，車沿「角城」西海岸向南非盡頭角點（Cape Point）駛去。由於西開普屬於地中海型氣候，氣候溫暖，山坡都種滿了葡萄，此地出產的白葡萄酒其品質之高，不遜於法國。

到了春天更可欣賞到杏花、桃花以及各種花卉的萬紫千紅。據說南非有二萬多種開花的植物。原以爲荷蘭是產花的國度，來到南非之後才知道南非的花比荷蘭還多。

濱海公路依山而築，右邊是一望無際的大西洋，水色由淺綠而深綠而寶藍。海水平靜，浪花不大，景色一如恆春一帶。

不少海豚悠哉悠哉臥在海灣沙灘處，公路兩旁也偶爾出現一兩隻從山嶺跑下來的猴子，眞是有趣極了。原來南非每省都設有自然保護區，而且用心保存所有野生動物棲息地，政府規定，大至海豚，小至松鼠，一律不准獵殺。沿海公路相當平坦，經過一個假海灣（False Bay）後，上了橫貫公路，不久，來到了東海岸左邊是一望無涯的印度洋，方才路過的「假海灣」，隱約可見。名之爲假海灣，是因爲此地的白雲遠看如山一樣聳立海上。航海的人以爲這是港口，進來之後才知道是個虛無飄渺的假灣，其實眞正的港口在開普敦哩。遙想當年眞不知有多少航海家被騙！

東南海岸一帶的地勢呈高原狀，山也比西南岸多。車繞着山路縈迴行駛。不久，來到了一個大平原，觸目可及都是大小不等的石頭，而無任何植物，是個不毛之地，原來此地的風俗是在春末秋初之際，一把火把所有的草和石頭燒得焦焦的。據說這樣會產生一種養份，使土地更肥沃。

駕車遨遊半島南端，沿途可盡情享受山野風景之美。這裏有一條深受旅客喜歡的風景線；全線公路暢通，都是柏油路面。南非的公路建築相當完備，除了野生動物園外，所有的風景名勝區都有公路可通。

下午三點鐘光景，抵達了目的地—「角點」。捨車步行，爬了一段柏油路面的坡路，來到了這座屹立於角點的燈塔。我和其他旅客一樣在這座具有百年歷史的燈塔上簽了自己名字以爲紀念。靠著石砌的燈塔外牆，極目四望，但見，汪洋一片，浩浩蕩蕩，氣象萬千。潘僑領指著角點下的海水說：

「這正是大西洋和印度洋的會合處，也是分界線。」我定睛細看，左右兩大洋已合而爲一了，實在劃分不出它們的界線，但是我對左邊的印度洋，特別有種親切感。因爲不久前，我們才離開位於印度洋的模里西斯和留尼旺兩個島，對於兩地的風光以及友情，留下了深刻印象。

面對浩翰大海，不愁沒有靈感，突然有個新發現，海天相接之處，像是呈半圓形弧度，本以爲是我的視覺有問題，後來經過潘僑領的提示，證實我的觀察沒錯，大自然眞是神妙！

海面上，偶有白色海鷗翱翔其中，加之帆影點點，給這寧靜的畫面平添不少生趣。夕陽西下時，我們依依不捨離開角城，折回歸途。晚霞餘暉中的海景，更是有着另一番情調。公路右邊的山崖如屏風一樣，和左邊海水排列得雍容壯美。暮色蒼茫中的原野，顯得特別寂寥。

晚上，由潘僑領做東，在一家名叫龍園的中國餐館晚宴，席開兩桌，包括了傅領事及僑界領袖。

此地華僑不多，僅三百人，由於環境關係，大都不會說中文。此地和南非其他地區一樣，通行英語、非語。難怪南非的路標、廣告都使用兩種語文，非語是荷蘭語衍生而來。鍾僑領說他因為沒能好好學中文，所以也沒法教他的孩子，他決定把三個孩子送回臺灣學習中文。

晚飯後，又登臨一座三十二層的旅館頂樓，眺望這個海港的夜景，但見燈海一片，如同鑽石一樣閃爍着，使我對這個城市留下了更美的印象。

玻里亞尼西亞文化中心巡禮

我雖非旅行家，但廿年來，我旅行歐、非三次，東南亞一次，東北亞一次，多少也積了些經驗。

因此，今夏在我訪問美國之前，已先抓住了參觀旅遊的重點。也許是我從事文藝工作的關係，每到一處，總是先參觀該地的藝文活動或民情風俗。於是，在抵達旅美的首站—夏威夷時，立卽參觀了位於歐胡（Oahe）島東北角的「玻里尼西亞文化中心」（Polynesian culttral Center）是我留夏威夷四天中，最有收穫的一次。

從檀島乘車到「文化中心」，大約有一百英里路程。沿途所見，不是海邊別墅，細白沙灘，或婆娑椰樹，就是着大花襯衫及泳裝的男男女女，一副優哉遊哉的樣子，充滿着熱帶的浪漫情調。難怪夏威夷有着「海角樂園」的雅稱。約四十分鐘後，經過一休息站，瀏覽了一下紀念品店；許多精緻玩意，大多註明「Made in Taiwan」字樣，使我感到特別親切。另外一些販賣木瓜、椰子、楊桃的水果攤，亦令人如置身寶島南部高雄、屏東一帶。

再登車，不久上了依山傍海的高速公路，其景象又彷彿像到了鵝鑾鼻、恆春一帶；世界上美麗的風景，大都相似。値得稱讚的是，此地的路面平坦寬闊，車輛往來均能遵守交通規則。沒人超速，沒人按喇叭。

這輛中型的旅行車上，張貼了一張大幅歐胡島地圖，司機兼導遊，隨時透過麥克風介紹沿途所經過的名勝地車上的十位遊客，來自世界各角落，好像一個小型聯合國；導遊都是經過特別訓練的，因爲他不但要小心駕駛，而且要不停的介紹；於是，在沒抵達「文化村」之前，他已先向我們娓娓敍說了位於東太平洋區的玻里尼西亞羣島的故事。

玻里尼西亞，原意爲「多島」。大致分布於東經一百八十度以東，南北緯卅度之間，島嶼大都是火山島。珊瑚島，從空中往下看，這些島嶼，如同珍珠一般灑在浩瀚的太平洋上。

約在西元四百年左右，一羣卓越的航海民族——玻里尼西亞人，冒險乘着張有翼架的大獨木舟，在數百年之間，相繼組成不同的族，擴張到各島，生兒育女，種植芋頭、椰樹、甘蔗等農作物，並在海岸地開池養魚。

由於得天獨厚的熱帶地理景觀，多采多姿的人文環境，使得波里尼西亞羣島成爲今日太平洋上的一羣快樂島。

約一個半小時的車程，我們終於抵達「文化中心」。該中心是由猶他州的摩門教會所創建，包括了文化村、劇院以及楊百翰大學分校。

「中心」的導遊，也由該校的學生擔任，他們穿着色彩鮮的花襯衫，手提擴音器，分別帶我們去由七個不同島嶼的民族所組成的「文化村」。由於他們的房舍大多以茅草爲頂，吸煙是絕對禁止的。也正因爲茅草所蓋，屋內空氣甚爲流通。茅舍之間則點綴著娑婆的椰樹，頗有情調。

一條彎曲小河貫穿文化村，河上有各族族人划舟。岸邊有人座釣，一幅世外桃源的景象，路邊的花可以任意攀摘，並可戴在髮上。不過女人戴花有講究的，據說戴在右邊，表示獨身，左邊表示已婚，左右都戴，表示已婚，但想再嫁；戴了滿頭花，表示婚姻不美滿。許多穿著草裙，赤著脚的男男女女在文化村，穿梭來往，供人拍照。

首先來到薩摩亞族，一位族人正在表演刨椰子的皮，然後再用椰子皮包住椰肉，像扭乾衣服一樣，把椰子汁扭出來。之後，有位少年表演爬椰樹，但見此人身體矯健，兩三下，就爬到樹頂，博得遊客的喝采。

薩摩亞於一九六二年獨立，是玻里尼西亞地區第一個獨立國，人民大多爲基督徒。

其次是茅利亞族，該族重視教育，屋內陳列許多雕刻，往往一根木柱上，塑了不同的伸出舌頭的臉譜，一個接一個，他們代表了茅族祖先，一個人的才華如何，視其祖先所伸之舌頭，舌朝左，表示會唱歌，舌朝右，表示口才好，又朝左朝右，表示會唱歌又會說話。

茅族男人健美強壯，臉上大都以油彩，表示勇敢。而且他們善於造獨木舟。有一個從整個樹所造的二噸半重戰船。舟的兩邊雕了手臂連着手臂的圖案，以示團結。他們的服飾鮮艷，有點象臺灣山胞。

緊接着茅利亞族的就是非濟族，但見許多男女，手執竹筒在樹下圍坐奏樂，此一竹筒，空口朝上，實口在地下敲發出隆隆的節奏，中間有些人站着以吉他來伴奏，為了好奇，我也臨時客串演奏一番。

接着又參觀一酋長的住所，房子是長方形，屋內牆上裝飾了許多貝殼。在對村口的一扇門，是供酋長專用；兩側門是供訪客所用，與酋長相對的門（後門）供家人進出。

令人不可思議的是屋內三大柱子下面，埋葬了先人的遺體，他們迷信地下的人會保佑活着的家人。這和中國人的想法不同，中國人認為屋內有死人，必會鬧鬼。

從酋長住處出來，即是夏威夷族（Hawaii），令人感到另一種熱情洋溢氣氛，無論男女頭髮上，脖子上都綴以花環，笑臉迎人，大大表演呼拉舞；我想呼拉舞，是一種最好減肥的運動，因為全身都得顫動。後來才知道它的每一個動作，都有含意，如雙手舉起，表示椰子樹；雙手微彎左右兩邊擺動，表示海浪；雙手臂交叉在胸前，表示我愛你。總之，一舉手、一投足，都在表示說話。椰樹、海灘，使夏威夷的人生活在浪漫的情調中，他（她們的熱情如同火山。加之，雨水也多，使得夏威夷姑娘更是甜美。它的州花和臺灣的燈籠花相似。

在夏威夷村中，有一個彎曲如虹的椰樹，正好橫跨在一條小河上；原來這正是貓王普里斯來拍「藍色夏威夷」時，在此彈吉他唱歌的地方。

陽光好、空氣好、海水好，使夏威夷成為一個可愛的天堂。

不遠處，聽到隆隆的鼓聲，原來，原來是大溪地村（Thiti）的女子在一高山的平臺上跳草裙舞，圍觀了許多遊客。平臺後面是一茅草房，旁邊還有一灣小溪。一個美妙的少女穿上五彩繽紛的衣裳，以半蹲姿式，配合鼓聲，左右搖擺着臂部。充滿了原始奔放的動作。音樂和舞蹈，是大溪地人的生活中不可或少的。

他們那種不刻意矯飾，而充分流露着渾然天成的韻律感，就像所獲得評論「奇妙、充滿旋律」，夏威夷的呼拉舞還是受到草裙舞影響。

大溪地以產花聞名，無論男女均喜戴花。

加之那兒有誘人的海邊，青綠的椰樹，難怪每年擁有百萬以上的遊客。大溪地，最早爲土著波瑞王朝統治，一九五八年成爲法國海外屬地。

到大溪地村，使人聯想到法國藝術家高更、文學家司蒂文斯都曾在此住過。

一八九一年，高更拍賣了作品三十件，遠渡到大洋洲的大溪地，當他起自少年時期的純潔原始夢想實現時，他提到：

「這一個海島，是昔日山嶽由於大洪水而沉下形成的。最高峯的山岬從河水中突出，有一家族避難到這裏，於是在此繁殖子孫。不久珊瑚爬上去，圍繞了尖峯，年深日久，新的土地慢慢擴展。雖然說這西的土地仍在擴展中，可是它自古以來，保持着孤獨的性格，加之茫然的四面海水，使它的孤獨更爲顯著。」

在大溪地的期間，高更曾留下許多名畫。高更反對祖國（法國）的殖民地政策，以及統治島上官吏的作風，因此，常常和島民站在一邊。在島民的回憶中，他並不是一個畫家，而是他們眞誠的朋友。

高更筆下的大溪地男女，都有極結實健美的體格。

大溪地人民有着與生俱來的誠實熱情，人民大多信奉多神教。

總之，大溪地是玻里尼西亞文化的中心，那兒的高更博物館展示了南太平洋的歷史、各族的生活、工藝等。

大溪地村的旁邊是馬貴斯族marguesas，最初爲荷蘭航海家發現，在大溪地北邊，屬法，現已沒落。

最後參觀的是東加王族TOOGA，東加羣島的「東加」原意是「友善」。

據人類學家研究，東加族是南太平洋上最聰明，最熱情的人。椰乾和香蕉，是他們的特產。

文化村巡禮完畢，晚飯後卽進入文化中心的劇場，欣賞由楊百翰大學一、兩百來自玻里尼西亞的留學生所表演各族的舞蹈。

劇場爲一圓形建築，可容二、三千人。舞臺佈置、燈光都可說是一流水準的，節目更是緊湊，除了白天所欣賞的草裙舞，呼拉舞也在此表演外，還有噴火、火環舞等特技表演，表現了男人不畏被火燒死的精神。

總之，玻里尼西亞的舞蹈，大都旋律奔放粗野，，舞步快捷，全身抖動，頗具挑逗誘惑性。服飾大都是燦爛奪目，也有以花草樹枝爲裙的。

據說，他們每次的表演，都成功地招徠了大批的來自世界各地的遊客。可想而知，「文化中心，藉此也賺了大筆外匯。

暗想「如果我國的漢、蒙、回藏、苗以及臺灣山胞融爲一爐，組成一文化村，不是更可吸引觀光客嗎？

（民國七十三年八月）

走馬大峽谷

青雲是我青梅竹馬朋友，大學時代，常結伴到新店碧潭划船，或上西門町看電影。大學畢業後，她留學美國，之後成家立業，在洛杉磯一住就是廿年了。她的夫婿林成博士，也是外子殿魁的同窗好友，因爲雙重的關係，此次旅美的第二站洛杉磯，就被接待在他們家中。廿年來，因彼此忙碌，很少晤面，此次能和他們在國外相聚，眞是人生一大快事，青雲堅持一定要請我暢遊「大峽谷」。

一大早，由林成兄駕車送我和好友青雲到洛杉磯蒙特婁，轉乘小型旅行車，前往大峽谷等地一遊。

九點正，和林成兄道別後，我們登上了一輛可容納九個人的小型巴士，其他成員有夫婦兩對、母女一對，以及紐約來的單身漢（任職某公司技術師），所謂「有緣千里來相會」，在以後的三天旅程中，我們相處得非常融洽、愉快。駕駛兼嚮導孫先生，英文名叫東尼，是上海人，十多年前來美國讀書，後來經商，近年來才改行做旅遊事業；主要路線是洛杉磯到大峽谷到阿拉斯加的來回。他之所以愛跑此路線，是趁導遊之便到賭城去賭它一番，碰到運氣好時，可撈上一筆，碰到運氣不好時，不但把導遊費輸掉，連汽油都賠了，多少有點冒險性質，這種人也蠻瀟洒的啊！

據東尼說，整個行程來回要一千三百哩，約廿多小時，但是一路上由於他風趣的談吐，親切輕鬆的解說，加之有高超的駕駛技術，使我們一點不覺得有旅途的勞頓。

離開洛城，上了十號高速公路，直向聖伯納迪諸山區駛去，我坐的是第一排，視野甚爲遼闊，萬里無雲，兩邊都是廣大的平原沙丘，看不到任何農作物，偶而出現一些熱帶植物及仙人掌。車行平穩，不覺在移動，而窗外的景物却不時在替換。

旅行，實在是件愜意的事，累了，座位往後一靠，可仰視窗外天邊偶爾飄來的白雲，淡淡的，令人有「寧靜以致遠，淡泊以明志」之感。

途中遇一輛運貨的火車，有一百節車廂與我們平行而駛，速度緩慢，使我想到美國初開發西部時電影上的情景。

中午，我們在一休息站吃了漢堡和飲料等，繼續上路，下午兩點多抵達加州和阿利桑那州的交界處。在此處可看到有名的柯羅拉多河，據說此河長二千三百二十公里，穿過美國西部如猶他州、阿利桑那州等高原省份。河上有七個水壩，是美國最重要的河流。

阿利桑那州，眞是個不毛之地，放眼望去，儘是枯黃的草，覆蓋其上。山的形狀，有的像波浪，有的像大姆指，有的像屏風，有的像長堤。

下午三點多，抵達了有兩千年歷史的倫敦橋，這座橋在第二次大戰時被炸毀，美國人特地把它運來，照原樣造起，湛藍的湖水上，許多遊艇，帆船點點，如詩如畫，如瑞士日內瓦風光。

離開倫敦橋後，車子仍奔駛在荒無人煙的廣大平原。遠處山陵起伏，路邊時見類似小松樹的沙地植物，途經一個有着千萬年歷史的斷崖殘壁。

天黑前，終於來到海拔一千八百二十九公尺的山上，山上都是密密麻麻的松樹、柏樹，晚上氣溫和白天迥然不同，有「高處不勝寒」之感。這個山區，一年除三個月外，都是雪天，翻山越嶺後，於天黑時來到了位於山腰的威廉鎮，此是已是饑腸轆轆了，一下車就進入一家廿四小時營業的丹妮餐廳。我和青雲合叫了一份鱒魚，美味之至。

威廉鎮是遊客前往大峽谷的歇脚之地，街道兩旁都是旅館、餐廳、加油站。家家生意興隆，但是只限於旅遊季，其他雪天時，就門可羅雀了。

雄偉壯麗的大峽谷

一夜好睡，淸晨旭日東昇時，我們再度登車，穿過一大片森林及一平原。於八點十分，來到了氣勢宏偉的大峽谷，令人眼睛爲之一亮，不是親自看到，簡直不敢相信世上有這麼偉大的地方；它不是在兩山之間，而是挾持於高原之上，它東西長三百四十九公里，最寬三十公里，最狹六公里，北岸海拔二千五百公尺，南岸海拔二千一百三十公尺，眞是浩翰無垠，氣象萬千，不愧是上帝的傑作。

站在瞭望平台上，但見千仞峭壁，深不可測，此時才眞正體會到大自然的「偉大」，以及自己的「渺小」。

峽谷的神秘不僅於此，而在於各種岩石，因風化程度的不同，而產生不同顏色：紅色、褐色、鐵灰山、淺黃色等，尤其太陽的照射下，產生七彩的顏色，從日出到日落，一天之間就有不同的景觀。岩石的形狀，更是千變萬化，有的高聳入雲，有的下凹如蜂窩，有的呈摺疊狀，有的呈階梯形，眞是形形色色，包羅萬象。

峽谷之所以造成這樣的奇景，主要是由柯羅拉多河所造形。柯羅拉多河是西班牙語，原是「紅河」之意，河中挾雜大量泥沙，在此高原上橫衝直撞，日積月累，冲蝕而成，所謂水滴石頭穿，歷經千萬年以下，終於鏤刻成這樣的一個形勢。

據說，春天來時，某些挾有泥土的地方，更有另一番繁花似錦的美景，而冬天則是雪景一片。

我找到一塊岩石坐下，面對峽谷，低吟着「振衣千仞岡，濯足萬里流」的詩句。

青雲趁機替我拍攝了幾張俯視峽谷的鏡頭。

這兒有個四週全是玻璃門窗的博物舘，在裏面可環視大峽谷全貌。舘內陳列着各種化石，從化石的記載推知，千年前曾有人有此住過。據說這個峽谷是一五四一年，首先由西班牙人，在印第安人的帶領下發現的。一九一九年威爾遜當選總統時，把它正式列爲國家公園，園內頗具規模，有醫療設備、理髮店、洗衣店、銀行、旅館、郵局，還有導遊、攝影家，告訴你登山須知，以及如何拍攝日出、日落之景，導遊列爲政府的公務員。

遊客是來自世界各地的，有的乘直升機鳥瞰全景，有的乘小驢從山上羊腸小道到山下，來回須六小時，無論是空中、地上，都可以欣賞各種不同的景象，可以說，各有千秋。

離開大峽谷後，在山區蜿蜒而行，不久又來到胡佛大水壩。此水壩介於內華達州與阿利桑那州，加州的部份水由此供應。壩高七二六呎，雄倚於柯羅拉多河上，是全美最高的水壩，壩的四周皆紅色花岡石，氣溫相當高。水上帆船點點，景色怡人，使我想到台中的日月潭。

賭城拉斯維加

內華達州是全美最貧瘠的一州，但却是吸引觀光客最多的地方，因爲它是不毛之地，所以在拉斯維加，設立了許多的賭場，成了以任何賭博方式都是合法的一州，正因爲如此，它成了名聞世界的「紙醉金迷」之地，因爲距大峽谷不遠，在地理上就佔了優勢。

相信凡是來大峽谷的遊客，沒有不趁此之便，參觀賭城的。

下午四點多，車駛進了賭城，我們下榻於撒哈拉大旅館。我和青雲一間，落地門窗正好面對希爾頓大酒店，據說希爾頓有三千三百間房間，是世界上最大的旅館之一。

賭城的旅館是各具特色的，也是招徠賭客的方法之一。譬如我們住的這家游泳池，就深深的吸引了我。池的四週有椰樹、茅草屋、酒吧間等，所以來到賭城，好奇的不是賭場而是這具有非洲情調的泳池，因爲游泳是我嗜好之一。泳池中，遇到一些中國人，打聽之下，是從臺灣來的，可能是首次出國，在水中嬉戲，大聲嚷叫，把那些在躺椅上、閉目作日光浴的洋人給吵醒了，中國人之缺乏公德心，由此可知。

我們一行八人，在東尼的嚮導下，用畢晚餐，再驅車前往米高梅大酒家，欣賞表演。進到米高梅的大廳，眞是眼界大開。賭場內五光十色、有玩二十一點、有玩梭哈的、有玩賓果的、圓盤的、也有吃角子老虎的，但見人頭鑽動，聲音嘈雜。我入境隨俗丢了一枚二毛五到入門處的吃角子老虎，卡擦一響，希里嘩啦地出來了好多硬幣。

「哇！不得了！你第一把就贏了這麼多！」青雲睜大眼睛走過來說。

但是，我很有定力，見好就收，絕不像有些人贏了，就繼續下賭，結果把贏來的錢又全被老虎吞了下去。賭場就是抓住了「人心不足蛇吞象」的心理，才能大賺其錢的。

賭場的餐廳，似乎全是廿四小時營業的，你到處可以看到「Day in, Day out」字句的招牌，意思就是無論賭場、餐廳的門都是隨時打開，隨時歡迎你進去的。

這裏有着世界各地可口的餐廳，以吸引遊客。

我贏了計三十元美金，當然取之於斯，用之於斯，我們用這筆錢大大地享受了一頓法國大餐，價廉物美的原因是希望顧客多多上門，吃完了好繼續賭。但是我們不想賭，可以慢慢品嚐每一道菜，尤其是甜點、水菓，吃得不易樂乎！

晚上的表演相當精采，可以說集世界一流的歌舞星於此。內容包羅萬象，有上空舞、爵士舞、宮廷舞、芭蕾舞、魔術、特技等。爲了配合時代潮流，也有外空人的舞蹈，無論聲光、音響、佈景、服飾，都是一流的，看得你眼花撩亂，印象最深的一齣是霸王妖姬舞台劇，場面之偉大，服飾之華麗，嘆爲觀止。另外一齣是以第二次大戰爲背景的水手舞，竟以二次大戰紀錄片做背景，頗有身歷其境之感，舞者身材一致，動作劃一，非經過嚴格訓練是不能登台的。還有手執紅羽毛的舞孃們，大跳其大腿舞，眞令人有眼睛吃冰淇淋之感，手執香檳一杯，如醉如癡，眞正體會到「酒、色、財、氣」的滋味了。

節目進行，非常緊湊，大有目不暇給之感，十點多結束後，繼續參觀這個「不夜城」。有名的賭場、旅館，都在米高梅一帶，在這裏可以看到設計得各式各樣的霓虹燈，它不時向你閃爍，向你招呼。

賭城在夜間是迷人的，東尼比譬得很好，他說：「晚上的賭城，如濃粧艷抹的妖姬，白天則如洗盡鉛華的遲暮婦女。」

所有旅館，我最欣賞的是凱撒宮，它最大的特色是無論室內室外，都有許多帝王、王妃以及武士們的雕像。一樓的大廳還放置了一艘埃及艷后曾經坐過的船。商店街，則陳列有歐洲最時髦的服飾。連化粧室都裝璜得如皇宮一般，四周全是大鏡子。旅館前面還有一個大的噴水池……這些排場，都無外是吸引顧客的噱頭。

除了大賭場外，還有廿家小賭場，是供本地人賭的，每家收入一天少也有十多萬，賭場事業之興盛，由此可知。不過一個願打，一個願挨，就如此循環不已，誰也禁止不了。

在回去旅館的途中，我們還看到一個「廿四小時辦理結婚」的廣告，導遊說：「你隨時可以在此公證結婚，也可離婚。」但是，離婚必須在內華達州住六個月以上，取得正式公民資格後，才可以辦離婚手續。由於離婚手續比各州寬，所以法院門庭若市。然而，在等待的六個月內，往往就做了賭城的常客了，這其間眞不知有多少辛酸、多少歡樂啊！

鬼鎭

離開了五光十色的銷金窩—賭城，向「鬼城」駛去，內華達州地勢高亢，山陵起伏加之土地貧瘠，黃沙萬里，氣候炎熱，無綠地，不適居住，正是「一片孤城萬仞山」的寫照。所以是美國西部開發的最後一個州，此地雖是不毛之地，但礦產相當豐富，最早發現銀礦，是在一八八一年，直到一九八七年銀礦都挖空了，人們才遷往他處。但是以前遺留下來的教堂、警察局、宿舍、商店、住家、以及馬車的車輪、銀礦「標誌」等，仍保存下來。

好奇心驅使下，我們也進入屋內參觀，走在老舊的地板上，還格格作響，大有「人去樓空」之感慨。

我沿着銀礦的小山路走去，但見廢墟一片。美國人對歷史遺跡之重視，由此可知，離開鬼鎭後，大家已精疲力盡，在車上已進入夢鄉。回到洛城，已是萬家燈火了。

再訪韓國民俗村

兩年前，我隨作家訪問團前往漢城參加中、韓作家會議時，就已參觀過位於漢城郊區的民俗村。但是那一次行程緊湊，又是團體行動，未能仔細欣賞。

今年第四屆中、韓作家會議又在漢城召開，爲了達成再訪民俗村心願，我欣然同意了韓方的邀請。

這次的民俗村之行，承蒙韓國國際筆會副會長成耆兆博士夫人及韓籍藝術家金炫辰小姐的陪同下，趨車前往的。

從漢城明洞出發，不久，上了京釜高速公路，一路飽覽深秋的鄉村景色，約四十分鐘行程，來到水原市。

一下車，就看到一個以茅草爲頂的牌樓，上面書有民俗村的匾，黑底金字的漢文，特別醒目，也特別感到親切。因爲目前漢字在韓國已是不常見的了。

民俗村的入口，仍是現代化的建築，包括了辦公室、餐廳、郵局、紀念品店。再往前走，呈現眼前的是兩根插在地上的，類似守護神的彩繪木雕柱，上面分別以漢文書有「天下將軍」「地上女將軍」的字樣。據說這是保佑人民平安的象徵，有着濃厚的宗教意味。

穿過這兩根木柱進去，全是一、兩百年前李朝時代韓國各地的建築物代表；有的是仿造的，有的是從別處移到此地的。也有些著傳統韓國服的男女，打從身邊走過，好像一時回到了李朝時代的太平盛世。

不可諱言地，韓國的文化脈絡源始於中國，然而韓人對歷史文化和古風文物之重視，遠勝過我國。難能可貴的是民間的投資；就以這片佔地約廿二萬坪的民俗村來看，它原是一片蓊鬱蒼翠的大峽谷。在一九七四年時，由大企業家鄭永三的看重下，而投資興建完成。如今已成爲韓國最重要、也最賺取外匯的觀光勝地了。

據說韓國政府決定命名此地爲「民俗村」時，特請風水先生、地理學家來勘察建築方位。且以五百年前朝鮮時期的古老陰陽五行，擇吉避凶才予以興工造成。

我們來參觀時，不是週末假日，村內遊客不多，顯得格外寧靜。林蔭古道內，十步必有李朝時代的建築文物和民俗習慣，令人更是激發起一股思古之幽情。

首先我們瀏覽了一下民俗村的平面圖；這裏包括了韓國南北不同省份的建築，幢幢建築各自成一家，別有千秋。譬如：古代的大衙門、官宦豪門巨宅、學堂、農民房舍、菜圃以及五花八門的各行各業，如紡織坊、紙坊、磨坊、酒家、燒窰、鐵匠、藝工匠等。

成夫人首先領我們去到位於山坡的地方，參觀燒陶瓷的窰及陶工們的手藝；原來他們是用松樹的枝來燒陶瓷，燒出來的顏色更美。

那些陶工們大都席地而坐倚着矮桌上用彩筆在瓷器上繪圖，是那麼的專心一致，絲毫不受遊客們的參觀而分心。

從山坡下來，左轉往前走，爲一南部鄉下人家，大門上貼有一幅「掃地黃金出」「開門萬福來」的對聯。茅草屋簷下晒了一排玉米，紅辣椒、葫瓜；一幅農村景象。土牆上還書有「天下太平春」「四方無一事」的對聯。別緻的是，不是兩行下來，而是呈人字形。白紙黑字，貼在牆上，非常引人注目。

成夫人用英語告訴我說：這些古老的房舍不是仿造的，而是由政府買下來，移到此地的。」

而且各種房舍內都有蠟像，如鄉下老人聊天喝茶或吸水煙袋的樣子。

再往前走，是幢上流社會的人家，和我國四合院相似。中間的庭院裏有棵大樹。對着大門的正廳貼了幅我們常見的對聯，那就是「天增歲月人增壽」「春滿乾坤福滿堂」，全以漢字書寫。心想，如此的房舍，在我國大陸眞不知有多少哩，但是，我們的下一代似乎不知道，也沒接觸過。

在中部地方的農家中，却陳列了一個磨子，院內樹葉已黃，西風吹來，散起一片秋意。

離開這些古老的建築，穿過一個小巷，再往山坡走去，突然遠處傳來和尚唸經聲，原來這裏有個朝鮮時代的廟——金蓮寺。我們拾級而上，爬到頂，却看不到唸經的和尚，原來他們是在放錄音帶，透過擴音器傳送，整個廟內淸晰可聞，音色甚佳。科技的發達給和尚們也帶來了諸多方便，但是否也令人偷懶了呢？本想看看韓國的和尚，結果，除了聽到唸經聲外，渺無人跡。所謂的「小和尚唸經」，恐怕也成爲歷史名詞了。

金蓮寺內包括了「金光廔」，及「極樂寶殿」，並設置了一個可供遊客解渴的泉水龍頭及水池。

從金蓮寺下來，經過一個朝鮮時代的「龍駒衙門」，內有「宣德堂」，及一些審判案子的蠟像官吏及平民，做得唯妙唯肖。

「龍駒衙門」的對面，是一露天廣場，正有一羣舞者，在大跳豐年祭的舞蹈，非常活潑可愛！帽頂還繫了一根長長的白線條，隨着的擺動，而在空中盤旋，變化出許多不同隊形圖案。穿的是白綢上衣，綢長褲，球鞋。白上衣外加以大紅、大綠或寶藍的背心，色彩非常鮮艷奪目，邊跳邊敲着小鑼鼓，旁邊立有一主奏的人吹着類似哨吶的樂器，聲音嘹亮，響徹雲霄。

接着是一羣女舞者，身上斜背着花鼓，從兩邊跳了出來。原來這就是韓國有名的花鼓舞，花鼓的兩端都蒙了鼓皮。跳的時候，右手拿着長細的鼓槌，左手則以手掌敲拍鼓面。所有舞者的動作無論輕、快、緩、急都是一致的，舉手投足均按照節拍而來。

還有就是由宮廷舞改編的羽扇舞，舞者都是年輕貌美身材一般高的女子，衣裡顏色光彩亮麗，手上拿着各色的羽扇，舞出各種不同的圖案。令人目不暇給，吸引不少來自世界各地的觀光客。

無論鼓舞、羽扇舞，其實都是早年傳自我國。但人家保留得好，逐漸再加以改良，成了他們的民族舞蹈。近年來他們經常到世界各地表演，這兩種舞在世界民族舞中，有其獨特地位。

其他民俗舞，包括了巫神舞、酬神祭祀舞等，臉上多戴以面具。

節目進行約一小時結束。

之後，我們經過一畦菜田，金小姐用標準國語說：「這就是韓國人做泡菜用的大白菜。」由於水好、土好、天氣好，此地的大白菜特別脆。

不久來到一個類似趕集的市場，四周都是一間挨一間的小吃店。

中間廣場，蓋了個涼棚，遊客可在此飲食，別緻的是在涼棚下面大約高出地面一公尺處又搭了一大排竹板，竹板上，疏疏落落放了些矮餐几，三朋好友可盤旋席地圍着几子坐在竹板上，品嘗小店送來的小吃。也可以自己去挑選。

另一涼棚下有幾醰酒，有少婦在彎着腰，負責把酒盛入酒瓶或酒杯，這種酒叫冬冬酒。我們點了炸醬麵，喝了些冬冬酒，又吃幾樣糕餅。其中一道點心是綠豆粉和米粉和在一起的煎餅。淺黃色的，起初，還以爲是蛋餅哩。而綠豆粉也是現磨的，可供遊客參觀。

離開市場，往農舍走去，參觀北部鄉下房舍。正好經過一個淹製泡菜的地方，滿地上堆滿了白白胖胖的蘿蔔及一顆顆新鮮的大白菜，還有紅得發紫的辣椒。韓國人吃飯，一頓也少不了泡菜。

北部鄉下的農舍，都是以厚厚的茅草爲頂（冬天可取暖），特別的是頂上加了一個粗網網住，四周吊以大石頭，正在好奇時，成夫人告訴我說：「這是防止茅草被風吹散。」

這些茅草房都是土牆所砌，有冬暖夏涼的作用。屋內窗戶甚少，有位老頭坐在屋簷下吸桿煙袋，正好一羣小學生在老師的陪同，蜂湧而至，圍着老頭。老頭笑瞇了眼，這景象令人感動，我特地搶了個鏡頭。

韓國是重視生活教育的，他們讓國家幼苗，從小知道韓國傳統的生活習慣和精神文明。譬如他們告訴小學生，鄉下人如何淹製泡菜，如何養鷄，如何將水抽到田中，如何晒玉米，眞是寓教育於生活。但見那些小學生興高采烈好奇地東看看西看看。之後，我們也加入小學生的隊伍來到河邊，過了橋，到了「硏經書院」。這是我有興趣的，看看以前學堂是什麼模樣？拾級而上，來到了「求是齋」「博約堂」等古代建築。學堂內放置了六、七排長几子，裏面有幾個學生席地而坐，在讀詩書，老師坐在上席，是蠟做的，却栩栩如生猛看還以爲是眞的。四周的書櫃內放了些線裝書。

「博約堂」門上則書有「階前梧葉已秋聲，芳春不習詩書禮」的對聯。

從研經書院出來，在一棵大樹下面的水菓攤上買了個大水梨解渴。民俗村眞不愧民俗，連販賣水菓的老板娘也都穿着傳統的韓國服。

不遠處，一些遊客在租借傳統韓國新娘、新郎裝，並且拍照留念。新郎是深藍色的寬袖大襟長袍，新娘是大紅色的花長袍，看上去和我國明朝服裝相似。

據說韓國鄉下仍保持新郎迎親的風俗。新郎穿着傳統的韓服，坐在小毛驢上，領着一隊人前往迎親。新娘接到婆家後，第一件事，就是叩見公婆，再拜天地。到了洞房，男女相對而坐，行叩見禮，和我國傳統婚禮是大同小異的，中、韓傳統習俗實在有很多相同之處。

成夫人告訴我說：「一般出嫁的女子，頭髮則梳以髮髻，而未出嫁的則紮着一條辮子。」

韓國的婦女似乎沒有享受什麼特權，一般女子結婚在家操持家務，相夫教子，且做許多粗活。他們很羨慕我國的婦女。

我們三人邊走邊談。提到家庭主婦，金小姐更是喜上眉梢，因爲她下個月就要做新娘了，對象是中華民國籍的。金小姐是學藝術的，兩年前留學文化大學藝術研究所，今夏畢業，留學期間，認識了文大中文系畢業的學生（正好是我教過的），兩人一見鍾情而緣訂終身，堪稱中、韓聯姻中的一對佳偶！金小姐的國語說得好，大概是愛的力量吧！

不久，我們又回到河邊，但見岸上一排白楊垂蔭，夾雜着紅色、黃色草木，一幅秋天景象！加之亭台茅舍、小橋流水。使我想起劉鶚老殘遊記所描寫的「來到濟南府，家家泉水，戶戶垂楊」。

下午五點左右，我們才離開這個樸實而耐人尋味的「民俗村」，回到了高樓大廈林立的漢城。

（民國七十三年十月）

卷三

在巴黎與紅衛兵一席談

眞沒想到旅歐期間，竟有機會遇到一位紅衛兵，我們曾經有過數次的會面。

那天，在某大學有場招待華僑及留學生的電影欣賞會。當我們趕到門口時，把門的說：

「抱歉，已經客滿了。」

我們只有失望地離去。

「你也是來看『女朋友』（片名）的嗎？」

我和外子異口同聲地問一位和我們同時離開的年輕朋友。

「是呀！可惜已經客滿了，沒想到這部片子這麼吸引人。」

結果我們有了一個比看電影更有意義的，就是由這位朋友而認識了另一位陌生的朋友——他就是海那邊在文化大革命期間，由廣東逃到香港，而今又來到歐洲的紅衛兵。

他給人的第一個印像是：兩目黯然，眉頭緊鎖。臉上飽經風霜而心事重重，他似乎有一個神秘的過去和未來。

經過一番自我介紹後，在附近的咖啡座，我們向這位青年提出了以下的許多問題。

× × ×

「我們很想知道目前大陸青年的性向是什麼？」

外子首先搶着問。

他猛吸口煙，若有所思，接着說：

「肯定地說，『文革』的結束，也就是毛澤東時代的結束。毛共政權對青年施用的種種手段，青年已開始抗拒。中國的青年對毛的理想產生懷疑與失望。青年們的內心是空虛的，苦悶的，『中國往何處去』又重新提出（第一次提出是五四運動），大家暗地裏在追求自由，在反抗暴政，只是不敢公開說。」

「你就是爲了自由而逃亡的嗎？」

「是的，對於眞正的自由（這是人類永恆的追求），在極權國家的人民當然是非常嚮往的。誰不希望自由呢？遺憾的是自由並不是那麼容易接近。我的逃亡，就是因爲大陸的生活不自由。然而，至今我還不知在什麼地方才有自由。準確地說，與其說我投奔自由，不如說是一個人內心希望的衝動而產生的行動。」

× × ×

「請問你今年幾歲？」

「二十五歲。」

「那你是『解放』後出生的了，請你告訴我們關於解放後的教育情形。」

他稍微思索一下說：

「譬如說吧！同一個母親生的孩子還有不同，但是，在共產主義教育下的孩子，和機器上的螺絲是完全一樣的，我們所接受的這種共產主義理想教育，按照大陸的說法，就是要你做一個社會主義的螺絲釘，互相牽制，缺一不可。我想，毛也許是希望把中國人都變成一個只有社會性格的單調的社會人吧！肯定地說，這樣的教育，把一個人的個性和創造力完全約束了。」

「那麼在這種教育下，你們一定都很擁護毛某，都相信馬克斯主義了？」

「是的，當初我們的理想就是共產主義，社會主義，馬克斯的那一套。爲了一個主義，一個理想，青年們不惜代價地吶喊。在『文革』期間，爲了『黨』而參加革命的人，不知死去了多少；最後毛是成功了（達到了極權的目的），但是他並沒有改善全中國人民的生活，到處都是饑餓……革了二十五年的命，最後還是得不到人民的信仰，更談不上什麼『社會主義』，受壓迫的人民，還是受壓迫的人民，這眞是極大的悲劇，也可以說是歷史的重演。」

「哦，什麼是歷史的重演？」

「一次又一次的革命，其結果只是政權的替換，但是，『那裏有壓迫，那裏就有革命』，（毛共教條）這句話正好應驗在毛共政權的統治下。毛看清楚了這點，就先來耍個花樣，發動了黨內權力鬥爭的運動——文化大革命，這個氣勢威猛的運動如洪水泛濫一樣伸張開，最後鬥得不可收拾。當然，這次革命鎭壓了大批的知識青年及革命羣眾，下放到農村。『下放』，是違背了中國青年個性的自由發展，因而引起一般青年的極度不滿。我想中國新的一代，將會在這種背景下產生。青年們抗拒的激流是可以將毛共政權予以淹沒的。」

× × ×

「批林批孔究竟是怎麼回事?」

我們換了個話題。

「中共每次發動一個運動，都首先做輿論的宣傳工作。譬如說，在共產主義的教條下，不斷地灌輸我們說資本主義的國家如何如何浪費，說什麼美帝國的牛奶，黃油過期就倒入海中或廢掉；又說工人失業後逼得把單車賣掉……結果，在青年們的心理，整天都在想牛奶、麵包、單車。『爲什麼我們連牛奶都沒得喝呢?爲什麼沒單車騎呢?』反而不去管什麼是資本主義了。批林批孔也是一樣，因爲要批，人民必須得先看、先讀，中共印了大量的四書，無形中逼得人民研究孔孟。曾經有過一個笑話：在鄉下，一位老婦聽到要批林批孔，就好奇地問：『批林是對的，因爲他是靠『黨』吃飯的；但是，孔老二是誰呢?他是做什麼官的?爲什麼要批他呢?他也是反動派嗎?』由此可見，批孔老二，是在借題發揮，倒是讓那些不知道孔老二的人也知道有個孔老二了。人民是聰明的，歷史是清楚的，誰是誰非，都會有個正確的結論。人民對儒家之道研究得愈透澈，對毛共之暴政則愈痛恨。因此，共產黨的宣傳，常常是『適得其反』的。」

× × ×

「你能不能告訴我們一些中國大陸的文藝情形呢?」

「談到文藝問題，我想打個譬喻：資本主義的文藝如果是商業廣告，那麼中共的文藝就是政治的廣告，總是不外乎英雄、農民、階級鬥爭等那一套玩意。他們所制定的現實文藝路線，實際上一點不現實，因他們在文藝上的形象，是無感情、無血肉、無生命的模特兒。這也就是他們想像中理想的英雄，譬如『樣板戲』中的形象，就是這些。」

「那麼文藝工作者和社會政治關係很密切了？」

「從馬克斯的理論來說，應該是很密切的，因馬克斯強調社會政治。社會政治只能給文藝工作者提供條件；並非用社會政治去限制文藝。而毛共政權下之文藝是在替政治服務，這樣的文藝就非眞正的文藝了，已變成政治宣傳了，毫無文藝可言。」

「照你說，中共根本無眞正文藝了。」

「不一定，從歷史上看，無論東方、西方，都存在着二種文藝，一是官方的，一是民間的。前面所說替政治做宣傳的，可說是代表官方的文藝。至於民間的，還是很豐富，不過在強大的政治壓力下，並不那麼容易地表現出來。只能偷偷地流傳着，不敢公開，也就是所謂的地下文學吧！中共文化大革命期間，從廣東逃到香港的一些紅衛兵，就出版了這類性質的書，書名是引用周樹人的詩『敢有歌吟動地哀』；這是一本極具代表性的史實，它以詩歌、散文和小說的體裁反映了大陸青年的心聲。聽說這本書已準備譯成法文，在歐洲發行（歐洲人士盲目崇拜毛），他們要向全世界控訴共產主義的暴行，到時必定會轟動的。」

「對了，這本書好像在臺灣介紹過，但印象不深，希望以後能看到原著。」

×　×　×

「關於繪畫方面是否不會受到太大約束呢？」

「說來可憐，一個藝術家是最須要自由發揮的。但是，在中國，由於不能自由發展，不知埋沒了多少人才。譬如畫人物總是以農、工、兵爲主。風景總是以工廠爲主，就是要你宣傳共產主義的那一套。我有一位朋友喜歡畫自然的風景人物，如農民等，結果還是受到批判。」

「爲什麼呢？」

「他的畫，是早晨的太陽照着農民走到大道上，儘管主題是在作政治宣傳；儘管太陽的顏色鮮明，最後還是以藝術氣氛太濃不夠英雄色彩而受到批判。」

「什麼是英雄色彩呢？」

「就是要顏色鮮明，線條突出，特別強調舞臺化，戲劇化的英雄色彩形象。」

×　×　×

「鍼灸在大陸是否很流行呢？」

「是的，這是由於大陸人口太多，醫藥缺乏，鍼灸正可補醫藥之不足，有一點治療，總比沒有治療要好一點。並不像中共宣傳得有那麼神奇，我眞不明白它會引起歐美醫學界之重視！」

×　×　×

「人民生活程度如何？譬如說他們最大的奢求？」

「由於人口的驟增，造成供不應求現象，人民生活相當清苦，普通一個家庭有輛脚踏車，或一隻手錶，恐怕就是最大的奢求了。」

「啊！你知道嗎？過去在臺灣，老百姓家家都有脚踏車，而現在的要求是家家有部自用轎車啦！」

「聽說臺灣現在非常繁榮，有機會很想去看看，不過，聽申請過的人說，手續非常麻煩，要塡什麼自白書啦，宣什麼誓啦！」

「爲了整個臺灣的安全，政府不得不如此做呀！」

「我們千辛萬苦逃出來，完全是爲了自由，我們不願意再有人對我們這種人格一度受過屈辱而再有被人懷疑和屈辱的遭遇，我們願意與臺灣的青年們廣泛地接觸；願意說自己想說的，而不願意說共產黨要我們說的，我們不願做政治宣傳工具。」

「臺灣政府是非常民主的，一定開着大門歡迎你回去看看，手續絕不會像傳說中那樣麻煩的。」

「我覺得臺灣的政府應該努力去了解體會現在大陸青年的心理，以及他們所想的，不光是宣傳臺灣如何如何好，如果是「花果山」，誰不想去呢？目前最大的問題是如何讓大陸的青年和臺灣的青年思想溝通，聯合起來推翻毛共政權……」

聽了他的這段話，好像大陸上千千萬萬，我們這一代的青年們伸手在向我們「呼喚」。青年是國家的棟樑，尤其是生在這個時代的知識青年，眞是任重道遠……

×　×　×

「我很想聽聽你的逃亡經過，一定很感人的。」

「啊！這可不是像說故事那麼簡單輕鬆，也不是三言兩語說得完的，那血淋淋的事實，啊！可憐的中國人，那些死去的父老兄弟……你們不能體會到我內心的沉痛。」

他激動得眼球佈滿血絲。我慚愧自己的無知，同是中國人，同是炎黃子孫，好像我們都置身事外，我們太養尊處優了。我們活在天堂，而他們卻在地獄中求生存，這是多麼不公平的事情。怕刺傷他，我們結束了話題。「改天請你來舍下便飯好嗎？」

於是，我們又有了很長的一次傾談。那夜，我們作了一次最忠實的聽眾，那些大陸青年逃亡的經過，由他娓娓道來，眞是有血有淚。海那邊的人們，日夜所思的就是如何爭取自由，那抗暴的怒潮也是風起雲湧，似乎震憾了整個世界。

最後，我把他的逃亡經過筆述下來，題名爲「在生死線上」。這可以說是我在海外最大的收穫之一了。

生死線上

(一)算命婆

父親年輕時受的是新式教育，從我懂事時，就告訴我：「爸爸最崇拜的人就是　國父，還有　蔣委員長這兩位偉人，是我們中華民族的救星。」

在我離家之前，對父親說了這樣一句話：「我要追求自己的理想，要去外面討生活，和您年輕時一樣。」

逃亡之前，也一直在做逃走的計劃及準備工夫，譬如練習長距離的游泳、冷水中的潛水，一方面適應水性；一方面增加體力。此外，諸如走山路、認識地形、研究地圖等，都是我必具備的常識。我也曾暗示母親，我對現實的不滿，我要離家去追求較好的生活方式。母親知道我有獨立的精神、堅強的意志，她鼓勵我走，走出這個非人生活的地方。

當初我們這羣掛着紅袖章的紅衛兵，曾宣誓「誓死捍衛無產階級、捍衛社會主義。」「文革」，我們始終受此蠱惑，跟着盲目的「鬥爭」。然而我們受騙了！成千上萬的弟兄死了，白白的犧牲了！我們活着的終於覺醒了，日夜所想的就是如何生存、如何逃亡！

可憐我們這一代，精神感到無限空虛，對現實愈來愈不滿。內心衝激着，雖然不知道「自由」是什麼？却嚮往着另一個世界。人總是人呀！儘管邊界有鐵絲網、機關槍、獵犬和探照燈，但還是要以生命做「賭注」，冒險一試。

有一天，母親東張西望，小心翼翼地帶了一位算命婆來到家中，她算得很準：

「你的兒子正在走運，三個月就要遠行了。」

「去那兒？」母親故意問。

「上南方！」（香港在廣東之南）

算命婆一口咬定，而且從不提半個我要逃走的字，可能怕隔牆有耳，漏了消息。接着又說：「你兒子所過之處，有驚無險，但只要相信我的話，就可以化凶爲吉。」

母親忙問她：「如何逢凶化吉？」

算命婆說：「你要替兒子準備一些古錢，用紅線繫在腰上，遇到渡口不能過河時，就將三個古錢丟入水中，但手心一定要朝外，則可化凶爲吉。」

當然，這個算命婆說的話，對我即將開始的逃亡有很大鼓勵。

母親是個虔誠的拜神者，又很迷信。父親是出身中產階級，曾經被鬥爭過、批判過，一連串的打擊，母親先是久病不起，後來則半身不遂。人在失去了希望和自信時，便迷信起來。母親每天拜神，口中唸唸有詞，父親常對我和弟弟說：「你們可千萬不要像母親一樣地迷信，要她不要迷信，她還是迷信，我沒辦法安慰她，也許唯有信神，可使精神有所寄託，但你們正在讀書，你們年輕，一切要靠自己努力。」儘管父親如此說，而微妙的是：在以後的逃亡過程裏，冥冥之中，總覺得有神在保佑我，也許是母親的虔誠感動了神吧！我不得不懷疑世界上仍有神的存在，這眞是費解的事。

在廣州，青年們拜神、迷信的愈來愈多，因爲他們對共產主義失去了信心，看不到希望，內心空虛，而「迷信」是種寄託和依靠。肯定的說，愈是受壓迫，愈是迷信，尤其到了窮途末路時，人只有聽候命運的安排了。千千萬萬的逃亡者，都是懷着「明知山有虎，偏向虎山行」的勇氣，但多少個弟兄，有的衝過去了、有的却被抓回來，更有的就死在逃亡的路上。這豈不是命運麽？此去生死未卜，前途茫茫，一切只有寄命於天意，求助於神靈了。

(一)離別

在我要離家上火車時怕引起別人的注意，不敢和家人有太多的話別，把這份生離死別的依依之情，藏在心底。記得走的時候，弟弟剛從監獄出來，他運氣不好，先後已逃了五次，最後還是被抓了回來。當然，他對山路是有經驗的，而且告訴我在逃亡中要小心的事情：「你逃走時要走山腰。」

弟弟平常很少說正經話，但是當我離家時，他却對我說了這樣一句要緊的話。後來才知道走山腰又省力又省時，事半功倍，離家逃亡必須要有極大的毅力與決心，就如同孤注一擲，而且心要狠，雖然對家人有着無限的依戀，却不能有特別的表情，以免引起別人的懷疑。

清楚的記得，那天父親、弟弟都待在屋內，做他各自的事情，裝得若無其事。只有母親抑制不住那份兒子即將遠行的悲傷，總想跟在後面叮嚀幾句。這時，我心一橫，頭也不回地直往車站走去。

我知道這一去，將再也不會和他們見面了，但爲了怕母親受連累，此時此地絕不能表露親情，淚水不停地往肚子裏吞。直到現在，我還感到終身遺憾的是：當時爲什麼不回一下頭呢？母親養我、育我，我爲了個人的自由，就這樣絕情的走麼？一想到這件事，就難過萬分！

記得離家的那天，屋裏愁雲密佈，大家都不敢多說一句話，抱持「沉默是金」的格言，生怕禍從口出。我更是堅持不吐露半句自己逃走的行程計劃，萬一左隣右舍知道我的企圖，豈不招來殺身之禍！在匪區內，長年的共產教條訓練下，大家都守口如瓶，互相猜忌、互相不信任，甚至連自己的親人，也不敢輕易的相信。

總算，幸運地和我同時逃走的一位同學上了火車，這眞是我一生命運的轉捩點。車子漸漸駛離車站，離開了我生長的地方，離開了我的家人。我癡癡地靠着窗子，百感交集，心亂如麻，眞是到了所謂的黯然消魂的境地！一路上不知經過了多少小站，我一直無法使心平靜下來。前途茫茫，弟弟的話一遍遍在腦中重複，弟弟的逃亡沒有成功，我不能再失敗，我一定要爭這口氣，我仰望着天，默默地爲自己禱告。

㈢雨後與寧靜

憑着弟弟的經驗，避過了不少的關卡，終於上了山路。

我們以山墳和小灌木叢林做掩護，彎着腰，一步一步地往上爬。由於是第一天爬山，精力充沛，很快就爬到了山腰，到處是野草荊棘。夜幕降臨了，不巧來了一陣大雨，雨點特別大，像蠶豆般嘩嘩地打在身上，皮肉感到一陣陣刺痛。愈往上爬，愈黑，這時我才眞正體會到伸手不見五指的滋味。天又黑，又下着雨，還是不停地爬，我們都爬得氣喘如牛。沒想到第一天就碰上雨，霧氣又重，以致迷了方向，衣服整個濕透，渾身發軟，冷得使我沒有繼續前進的信心，雨下個不停，兩人只有緊緊地抱在一起取暖，不知不覺竟睡着了。

當我們睜開眼睛時，四野寂寂，是個寧靜的早上。雨已停了，這個世界顯得非常溫柔、寧靜。雨後的天，像剛洗過的藍寶石。纖塵不染，粉紅色的雲彩輕輕飄過，草上的露水，被陽光照得像一顆顆晶瑩的珍珠。地上的小蟲也變得特別討人喜歡。一隻黑色蝴蝶在我們週圍飛呀飛地，親切地停在我們的手臂上，牠是這樣地善良。我的心裏又撩起了算命婆的影子，遇到蝴蝶，一定表示吉祥，牠會帶給我們好運的。昨夜的一場陣雨，嚇得我們幾乎要退縮，沒想到今天是這樣一個寧靜的早晨，多麼不同的兩個景象！這時，在我們心裏有種奇妙的感覺，就像置身在天堂，雖然靜得不出一點聲音，但心中一點不害怕，倒覺得靜的如此安詳，人性有善良與醜惡，難道大自然也是如此麼？

這個早晨，給我們很大的鼓舞，無論如何，事已至此，我們只有抱着成事在天的心理，繼續前行。

㈣恐怖的一夜

我們白天躲躲藏藏，夜裏趕路，吃帶來的乾糧——炒麵粉，飢餓時就塞一口，口渴時就喝山上的泉水。終於又走到了山脚，不遠處傳來一陣嘩嘩的流水聲，走近一看，原來是兩山之間的一條澗水，阻了前面的路，我們試用木棍插在水中，測量水的深度，但是心涼了，水位很高，無法涉水而過。正躊躇間，天已露出曙光，不遠處又傳來雞叫，知道附近有人家，天一亮，如果被民兵發現，豈不前功盡棄！山泉相當急，無法涉足，同伴提醒我：「爲什麼不把古錢放進水中？」

我突然想起臨走時，算命婆說的話，於是我把手心朝外，放了三個古錢到水中，說也眞靈，不一會再用木棍插入水中時，水位變淺了，眞是天無絕人之路，也許是古錢生效，水神的保佑；也許是剛剛插的水位，正好是深處，現在插的是淺處，總之，這是件奇妙的事、費解的事！

這天，我們到達了一座名叫「白雲嶂」的山上，有一千多公尺高，山中的霧更是詭譎多變，氣象萬千，連接著的另一個山峯叫「虎爪」，上面都是大石頭，有的像一棵棵的石筍；有的像插天倒立的劍。爬到山峯時，已經天黑，雲層很厚，壓得又低，烏雲在我們脚下，各面奇形怪狀的山峯頂端露在雲層上面。這景像，就好像有衆多神怪被雲抬着走。遠處不斷響着沉悶的雷聲，轟隆！轟隆！好像到了世界末日。

「哇！好恐怖呀！」同伴叫着。

一陣閃電與霹靂，大雨傾盆而降，世界成了一片漆黑、混沌。我們置身在此羣山中，也置身在一個黑得深沉而不見底的夜！

看不見山峯、山谷，伸手不見五指，更分不出天和地。只有在閃電時才能看到那強烈而短暫的電光！雨不斷地下，我們的眼睛已摸糊不淸了，靠在樹榦上，電光不停地閃。一會是耀眼的白光；一會是漆黑般的世界。最奇妙的是：平常看到的閃電是白色，而在此黑夜的深山中，除了白色，還有紫色、紅色，好像是不同的色彩潑在空中。

此時我們眞怕觸電，眞是「叫天天不應，叫地地不靈。」冷汗和著雨水，全身濕透，這時我又後悔了！往事就像銀幕上的鏡頭，父親、母親、弟弟他們的臉龐像走馬燈似地在腦海中旋轉，久久不能消失。

如果死在這深山，眞是誰也不知道，我們不由得哭了起來。也許是凍死，也許是被雷擊死。無可奈何，一切只有聽天的安排了。

這時才覺得人的力量實在太渺小了，人處在這雷霆閃電之中，在這千山萬壑的原始世界裏，只是一個小小粒子而已！

爲了禦寒，我們把帶來的榨菜拿出來吃，平時不覺得它的珍貴，此時眞如獲至寶，比人蔘還有效，因爲它的辣味可以驅寒，還有胡椒、鹽拌炒麵粉，都可以增加凍僵了的身體的熱量。

本能的求生慾在支持着我們，不可否認地人都有無限的潛力，當你處在萬難之中，就會發揮出來。慢慢地也不知道什麽是害怕了，雙手掩著臉，停止了哭泣，終於再度振作起來，我們仍堅決地要作最後的掙扎，相信亂風雨總會有停止的時候。

由於連續的碰到幾次暴風雨，加上天冷衣濕體溫漸失，體力衰退得很快。我們躲躲藏藏，停停走走，所耗費的時間，比預計的時間長得太多，當然也延長了逃亡的日子。

(五)虛驚一場

再度下山後，我們到達一個平原，此時必須要穿過一個軍營，才能到達另一羣山—「碧嶺」，看到那羣山，雙脚已經發軟！這時，為了躲避防守共軍的視線，我們全身趴在地上，慢慢地爬着前進。雨後的平原，到處是水沼，一片泥濘。此時已無暇顧慮這麼多了，全身躺在污泥裏，手脚膝蓋都擦去了一層皮，好不容易爬過了平原到達「碧嶺」，我們找背陽的地方走，因為背陽的草沒有人割，草長得如人一般高，易於藏身。穿上我們預先準備的草綠色衣服，在草叢中穿竄。

「喂！我們到了那裏？」同伴小聲地問。

我從褲腰裏拿出一張地形圖，一個方向盤，仔細觀察一番：「沒錯，前面就是茶山！」

眞是「看山跑死馬」茶山近在眼前，我們却從白天到夜晚，整整走了一天一夜！天亮時，我們過了「茶山」，早上的太陽，特別厲害，照得兩眼十分難受。

也許是我們在碧嶺時大意地拉了一泡屎，被山上的民兵發現了，突然同伴說：「對面有四個人在動！」

我們就不管死活地向山下滾去，一直滾到一棵大樹旁邊。這些民兵對山路很熟，而且都是爬山的能手。共匪專門訓練他們搜索逃犯的，他們很賣力的抓，因爲這是他們唯一吃飯的本領，抓到可以得賞的。他們走得很快，脚步一聲聲逼近，同伴驚慌地說：「他們有刀，快走！」同伴拔腿要跑。到了這生死關頭，我本能地拔出腰間的匕首對着同伴胸前說：「不准跑，否則刀下無情！」同伴瘦小的身軀，被我突來的動作，嚇得直哆嗦，身子也停了下來。(我肯定，此時絕不能跑，一跑就會引起民兵的注意，一旦被發現，後果就不堪設想，應變的本能，竟使我以刀對着共患難的朋友！)我們靜悄悄躲藏在一叢草堆中，他們離我們只有幾公尺距離，手上拿著鎌刀。同伴的刀也拔了出來，眼光充滿着殺機，準備在最危險的時候，衝上去作生死的搏鬥，人處在這種境地，就像是一頭困獸！但是，我理智地用力按住了同伴的手，屏息呼吸，一動不動地趴在草堆中，民兵竟未發覺我們，一直往山上走去。

我們才深深地吸口氣，鎭定一下狂跳的心，這時，整個世界都好像靜止了，同樣是「靜」，但第一次在山中的早晨所感受的靜，和現在完全不同，前者如在天堂，而目前像在地獄。如果我們剛才和民兵拚命，那後果眞不堪想像，不僅我們自己生死難卜，家人一定會受到連累。弟弟幾次偷渡未成被抓回去，母親半身不遂，父親又屬「黑五類」。我再被抓回去，他們一定會遭受更不幸的待遇。這次，總算有驚無險，撿回了這條命。

正跌在沉思中，突然傳來「咚咚！」的伐木聲，每砍一下，就如同砍在我們心頭，約兩小時後才停止，原來民兵花了這麼多時間沒抓到我們，爲了不虛此行，就砍了兩根大樹榦抬回去，看着他們氣喘如牛地扛着木頭往山下走，我們才鬆了口氣，想找個更隱蔽的地方躲藏，這時已是下午二時左右。

奇妙的是，又是一隻蝴蝶在我們四週飛呀飛的，每遇一次驚險之後，當平安無事時，總會有蝴蝶飛來，我想說不定這蝴蝶是死去爺爺的化身，冥冥之中，隨時跟着保佑我哩！爺爺生前是好人，一生樂善好施，死後也許成了神。爺爺生前最疼愛我，說我在藝術、文學方面有才華，加上後天努力一定會有成就。想不到他老人家竟被共產黨掛了一個「資產階級」的罪名，被送到勞改營去接受改造，在受盡了共匪的折磨後死於勞改營中。

我原沒有什麼宗教觀念，但這次脫險的奇蹟，不得不使我相信冥冥之中有神的存在，我想：當活着的人不能保護自己時，只有靠已死的人來保佑了。

㈥山風寒徹骨

氣溫不算太熱，但是走了很多路，體力已消耗殆盡，全身虛弱無力。尤其感到冷；冷得無法忍受，唯一的辦法就是猛吃胡椒，希望產生熱量，由於連續地吃，味覺都痲木了，已不感到辣味。這時，在衝過這麼多的難關之後，我突然地怯懦起來！人總是人啊！皮肉最經不起考驗！想想這樣受罪，倒不如被抓起來，總比現在好過些。

長期以來，共產主義的「理想教育」、「英雄教育」，譬如「白毛女」、「紅燈記」等劇本，都是想把人造成英雄。

最明顯的例子：文革期間，成千上萬的弟兄死了，打倒了一批牛鬼蛇神之後，毛澤東把政權重新奪回，認為我們失去了利用價値，就來個「狡兔死，走狗烹。」一道命令，要知識份子下放農村，接受所謂的「再教育」，其實說穿了，就是叫人整天勞動，像牛馬一樣，只勞動不要思考。這種愚民政策，引起大多數青年的不滿，在亂力統治下受不了這種迫害，只有紛紛逃亡。

過去，許多弟兄們偸渡不成，幾乎每天都有好幾輛卡車的「紅衛兵」被押回去，共匪說：這些都是「逃港」的人，但是沒想到監獄却成了交換「偸渡」經驗的場所。毛共的監獄，就如同動物園裏的檻欄一樣，吃、拉、睡都在一處，連狗都不如，簡直不把人當人看，有些犯人雙手被銬在背後，就必須趴在地上舐盤中的食物，完全喪失了人性的尊嚴！在這種情形下，被關進牢獄裏的人，已經不知道怕，平時要說什麼就說什麼；要發牢騷就發牢騷，因為連人的資格都喪失了，還有什麼可怕的？他們大談其逃亡經驗，這些人都是偸渡未成的，但是每個人失敗的原因不同，把失敗的經驗集中起來加以硏究，作成資料，把這些資料偸偸地傳到監獄外面，給那些卽將逃亡的人作為參考。

㈦同病相憐

過去，在山上常看到一些膽小如鼠的一種動物——黃猄（猄），樣子很像羊，溫順而又害羞，見人就躱，老遠看見我們，就往草叢鑽，生怕被人發現，這種動物的生活情態，正如逃亡中的人，我們不也是見人就躲嗎？眞有「同病相憐」之感。在這深山，有動物爲伴，心裏也會感到些溫暖，我們試着接近牠們，和牠們友善。結果，倒成爲好朋友了，牠們溫順地依着我們懷中，讓我們撫摸着牠們的頭頸，彼此之間產生了一種原始的感情！

如果時間倒流到原始多好，那麼我們不必再去賭命了，我們可以自由自在遨遊於大自然間與山林爲伍，高興時引吭高歌，沒有空虛、沒有苦悶、沒有精神上的壓迫……而今，我却連動物都不如，……羚啊！你若有知也會替我們流淚吧！

至今，我還非常懷念那令人憐愛的羚，在山上和牠們相處的時間雖是短暫，感情却是永恆的。

(八)苛政猛於虎

走上好幾天山路，使我們的脚像一塊沉重的鉛塊一樣，每走一步就有被陷住的感覺，但是人的精神力量是很大的，一想到快接近邊界時，內心充滿自信、充滿着希望。但是好事多磨，當我們到了邊界，突然聞到一陣山猪特有腥味。

「看呀！山上好多野猪啊！」我對同伴說。

這種山猪樣子奇醜無比，面目可憎，和黃羚相較，可以說是善良與醜惡最明顯的對比，這種山猪，我們第一次看到，遍地是糞，又臭又髒，但可怕的不是山猪而是「民兵」佈下的捕山猪的陷阱——一種巨型的夾子，隱藏在山猪經常經過的草堆中，只要一觸到，就會被牢牢地夾住，想到過去的弟兄歷盡千辛萬苦，衝過多少難關，最後快要偷渡成功時，却死於這陷阱之中，好寃枉呵！這眞是要靠菩薩的保佑，如果眞有命運，命好、命壞，就在這個上面了。

我的同伴走在前面，突然一個緊急刹車，說時遲，那時快，不遠處一聲尖叫，一隻野猪整個身子被夾子交叉地夾住，血流滿地。夾子是交錯對夾的，合起來時可以把野猪夾成一段段的肉排，同伴嚇得似乎昏了過去。山中不知設了多少這樣的陷阱，一方面是捉山猪，一方面也許就是用來夾死逃亡的人！

「走！我們把它除掉」我對同伴說。

一想到此物不知害死了多少逃亡的人，我們費盡了力氣，把這巨型的夾子拆下，擡到山崖邊把它推下山去，而且特別在山路上豎了一塊牌子：「當心陷阱，提高警覺。」這是我們惟一替死人出的一口氣，當然陷阱不止這一個，那就要看他們的運氣了。大陸上不知多少青年，都是不惜一死想法子逃出來，可是成功的有幾個呢？大部份都死於途中，或被押回去了，放眼荒山野嶺，不知多少屍體埋葬於此，有的是體力不支、有的是遇到陷阱！——總之，人處在那種情況，生命連野猪不如。

(九)生死線上

偷渡到邊界後，必須要經過一個大平原（人稱死亡平原）才能到達海邊。根據一些經驗，在穿過這個平原之前，必須先花很多時間，躲在深草中，竊視巡邏人員，巡邏一圈的時間、路線、以及換班的時間。譬如說，在換班的時候，就是很好的機會，我們連續地記下他們換班的時間，或是他們習慣走的路線。總算機會來了，同伴說：「奇怪，今夜這麼靜，一個人也沒有，連狗叫聲都沒有。」

我跑在他前面，他說：「喂，你的身影在發光！」奇怪，難道又是爺爺在保佑我嗎？還是月光照下來的光（因為土是白的，明暗交界時會有一層光的），究竟是爺爺顯靈還是月光，現在想想，還是個謎！

爬過凹凸不平的「死亡平原」觸目皆是一道道的鐵絲網，五十公尺一道。第一、二道比較容易爬過，但是到第三道時，那密密麻麻的鐵絲，還有鐵絲網上面的刺，真是看了令人心灰意冷。過去多少弟兄為了爭自由，而慘死在這下面，反正死路一條，不如就把命拚了！

我們運用隨身携帶的工具，把鐵絲網鑽了一個小洞，剛好可以通過一個頭，我們不顧一切地，讓那些鐵絲上的刺一道道劃過我們的肌膚，淚水、汗水、血水，摻和在一起，想起那些死去的同胞，我們咬緊牙關，忍着錐心之痛，小心地爬過去。滿身的傷痕血流斑斑。敷下止血草藥後，我們又躲在一叢草堆中。這時邊防軍帶着電筒在四週照射，我們一直趴著，不敢站起來。在這裏，我們又觀察了大半天，想趁邊防軍換班時間、宵夜時間……。

(十) 自由日

最後一個夜晚，把剩下的硬幣，全丟向山神、丟向墳場，海浪打在岸上的聲音已淸晰可聞，巡邏的正在做宵夜，這是千載難逢的機會。爲了分散注意，我們一先一後地爬到海邊，脫下衣服疊好，放在岸上。先把脚放在水中試探水的深度，這時腕錶是午夜十二時正。下水後，怕被人發現，我深深地潛在水中，約二百公尺後，才把頭露了出來，海水冰涼澈骨，凍得牙齒直引顫。

同伴在我後面，隔了好大一段距離，遠遠只看到一個黑點，我默默祝福他平安無事。吹了氣的球膽，用繩子栓着拖在身子後面，游累了，才把它拉回來抱着休息。水愈來愈冷，也浸痛我的傷口，全身都有痲木的感覺。在這黑茫茫的夜晚，家鄉、父母、弟弟、朋友，一一又出現在腦際，眞是百感交集。

當東方露出魚肚白時，突然一種無形的力量支撑着我，憑着一股勇氣和毅力，我拚命地游向對岸，香港已遙遙在望，由於風平浪靜，天未亮，就到達香港。我憑着自己的肉身，突破了重重難關，我簡直不敢相信，這是事實。「自由了！」我仰天大聲喊叫！

看看腕錶，仍是指在十二點，原來下水時，錶已停了，但是這時間正是我獲得自由的開始，爲了紀念這個時刻，我把這隻隨我逃亡的舊錶抛入海中。以後，如果我結婚生子，一定要告訴我的兒子：「你的父親，是冒着生命危險，游泳過海才生下你的，不信，海底有錶爲證！」

作者附註：民國六十四年，我和外子殿魁旅居巴黎的時候，曾經透過在巴黎大學東亞研究所工作的陳慶浩先生，認識了一位從大陸逃亡出來的「紅衛兵。」相談之下，知道他原來是廣州師範學校美術系的學生，也是「敢有歌吟動地哀」的作者之一。

這位紅衛兵，為了投奔自由，先後逃亡了六次，坐牢三次，最後才算成功。

這篇「生死線上」就是他在我們巴黎的寓所，一次長夜的傾談下，做的筆錄。在座的有漢學家吳其昱博士、張昊博士。當時，都被他逃亡的經過，感動得熱淚盈眶。

為了具有真實感，我不曾加以修飾改動。相信這篇筆錄，正代表了千千萬萬大陸上青年們的心聲。他們日夜所思的，就是要如何爭取自由，如何衝出鐵幕。

聽說這位青年，在巴黎已成了家，祝福他在自由的天地中，能施展他在藝術上的才華。

鄭向恒於七十年七月（原刊勝利之光三二〇期）

十年樹木百年樹人

當我接到程訓導長國強的電話，要我撰寫一篇「我所知道的創辦人」時，眞是感到萬分榮幸。但是，又不知從何寫起，眞怕我這支拙筆，未能表達辭意於萬一哩！

具體而言，創辦人是一位著述宏道，與學育才的了不起人物；是一位眼光遠大，辦事有決斷的人物；也是一位可敬可愛可師、可法的人物。

爲了節省篇幅，茲就個人所知，從以下三方面來說；

㈠高瞻遠矚，與學育才——創辦人眼光遠大，做事有魄力，在任教育部長時，就有「南海學園」的設立。當時曾遭到各方的反對。但是，如今，這「學園」已成爲台北市的文化藝術中心地了。這種潛移默化的教育環境，正是創辦人所提倡的教育宗旨。每當我們帶孩子們前往歷史博物館參觀，或到藝術館觀賞節目，看到絡繹不絕的人潮時，就想到這正是創辦人之德政啊！

國內大學成立研究所，亦是創辦人任教育部長時德政之一，所謂「十年樹人，百年樹人」，如今這些研究所造就出來的人才，都能學以致用，立足於社會，貢獻於國家。更解決了國內各大專學校的師資問題。

南海學園，教育電視台之設立，也是當年創辦人任教育部長時之遠見，才奠下了目前電視普遍發展之基礎。

任何事「首創艱難」，亦最受人非議；但是創辦人能抱持理想而奮鬥，能排除萬難，愈挫愈堅。就以文化學院的創辦來說，可以說是「鬼斧神工」，非人力所能爲。但是，創辦人卻做到了。難怪某次校慶酒會上，林師景伊說：「創辦人不是人！」當時把我們楞住了，停頓了一會。林師接着又說：「創辦人是神！從荒山一片，到今天的巍峨黌舍；從無中生有，，到今天的所系規模，實非人的力量所能完成，所以我說創辦人是神！」，一時掌聲如雷，這眞是最好的譬喻了。

創辦人，不但提携後輩，網羅人才，而且禮賢下士，待人誠懇。林師景伊向有「酒仙」之稱，每逢創辦人宴客時，有林師在座，必定吩咐多備兩瓶紹興酒，在林師面前，創辦人頻頻斟酒、夾菜，態度是這麼誠懇、眞摯。

㈡復興文化，有目共睹——中文大辭典的完成，亦是當年創辦人的遠見之一。當時曾遭受許多挫折。但是，這四十大册（縮本十大册）的中文大辭典，目前已成爲學者不可或缺的一套重要辭典。曾經有位學者說：「我這一輩子，就靠中文大辭典了，它眞是受益匪淺。」世界各國的大圖書館，似乎都陳列了這套從中華民國開國以來，最巨大的一部中文大辭典。

我在巴黎的法蘭西學院圖書館，就看到這套大辭典，被陳列在最受注目的書架上。是第一版的四十大册，已經陳舊不堪，法國的文學家們都很重視這套工具書。但是他們怎麼會知道這套辭典編纂時的艱苦？其中好幾册係由外子殿魁主其事，因受到創辦人之感召，夜以繼日通宵達旦的趕工，終於如期完成。

一對多年的留法的學人，王家煜夫婦，前年返國參加國建會，他們特別要求拜會創辦人，他們頻頻豎着大姆指說：「曉峯先生，在文化事業方面，做的最多，貢獻也最大，是海內外人士，有目共睹的事情。」他們對創辦人之道德、文章仰慕不已，王夫人羅鍾女士，是台大外文系畢業，創辦人任教育部長時，公費出國的。如今，是巴黎法蘭西學院東方圖書館部門的主管。

創辦人，在文化藝術的宣揚，推動上，是不遺餘力的。早在民國六十一年，，就有心要成立華岡藝術總團，要把我國的舞蹈、音樂、國劇介紹到世界各地，指定莊本立先生爲團長，我爲該團秘書。可惜，由於經費不足。（那時，學校正大興土木，蓋房子），未能成行。去夏，模尼西斯華僑中華文化中心。邀請我率團前往演出。要不是受到創辦人的支持與鼓勵，我豈有「胆」率此十七位娘子軍，遠征非洲呢？結果，不但做了次成功的國民外交，且打了次漂亮的文化戰（粉碎了共匪的陰謀伎倆）。給華僑史上留下了輝煌的一頁。這一切的殊榮，都歸之於創辦人。

㈢以校爲家，著述宏道——從民國五十三年秋，我第一次上陽明山莊，拜會創辦人起（那時，我奉派參加中華民國赴非文化友好訪問團，適從國外回來）迄今已十六個年頭。在這十六年中，雖然和創辦人見面次數不多。但是，每次晉見創辦人時，對他書生本色，埋首疾書的勤奮精神，以及規律化的生活，都使我感動萬分。

創辦人，以校爲家，早出晚歸，數十年如一日，就是大年初一，也照常著述。創辦人的「中華五千年史」，就是在這種鍥而不捨的精神下完成的。

前不久，一位遠從留尼旺來的華僑——侯興長先生。來台灣渡假，特別要我陪同拜會創辦人。由此可見，創辦人的風範，是海內外人士一致景仰的。後來這位僑領離台時，我問他，有沒有我要效勞的事，譬如購物、打郵包等。他回答說：「吃的、用的，我們留尼旺都有，很多是從香港，台灣運來的。我們最缺乏的是中文方面的書籍。」「你想買那方面的書呢？」我問。結果他笑着說：「我對中國的歷史很有興趣，能否麻煩你買一套中華五千年史，水運寄來？』我正愁沒禮物送他，一想這本書正是創辦人著作，我買了送他，豈不是一件意義深遠的禮物麼？第二天，我去出版社立即購買一套，寄了出去，希望這是一粒種子，撒到非洲的土地上，不久使那兒的華僑的文化沙漠，變成綠洲。

創辦人一生，有許多感人的軼事，欣逢今年他老人家八十嵩壽，我盼望他的朋友、學生，能夠把這些軼事，紀錄下來，足可爲後輩青年之楷模！

（民國六十九年十一月）

敬老尊賢的民族

——芮正臯大使談非洲人的倫理道德

目前的外交工作，不只是參加雞尾酒會，和高級官員打交道，而是要下鄉和當地的老百姓接近，去瞭解他們的習俗。

曾經歷任非洲上伏塔大使、駐甘比亞大使、以及象牙海岸共和國特命全權大使的芮正臯博士，於前不久奉調回國。

在二十多年外交生涯中，芮大使對非洲國家的風土人情，有着深入的了解，尤其是和象國朝野建立了深厚的感情。正因如此，芮大使曾被封了三個地區的酋長。這在外交史上堪稱一段佳話。

在一次中華學術院所舉行的宗教與道德演講會上，芮大使暢談了非洲文化與宗教。尤其提到非洲的傳統倫理道德以及風俗習慣時，似乎有許多地方和我國有不謀而合之處。

講到敬老尊賢方面，芮大使說。

「就以酋長來說吧，非洲的酋長是很受尊敬的，酋長出來的時候，服飾華麗，手持權杖，隨從數十人，等於我們大家族的族長，身份如同一個法官，可以排除一切糾紛。而地點多半是在一大樹下，大家團坐在一起，如四川人擺龍門陣一樣。非洲人能說善道，就是擺龍門陣擺出來的。」

同時他們也有送禮物的習慣，如果你到一個村莊、部落，去拜見酋長，你不能空手而去，就得像我們中國人一樣，要帶些小禮物。

芮大使通常都帶些什麼禮物送人呢？

「非洲人很欣賞我們的五加皮酒，因爲裏面含有滋補身體的中藥，所以我都是以價廉物美五加皮當做禮物送給非洲人士；一方面介紹了我國的產品，一方面也達到了國民外交的目的。」

芮大使認爲：假使我們中國人去殖民非洲的話，比歐洲人更能打成一片，或許可使非洲成爲更繁榮富庶的國家。因爲他發現非洲的傳統道德、倫理思想和我國有相似之處。

「譬如非洲奉祀祖先，崇拜祖先，非洲人也很敬老，在美國老人不太受尊敬，在歐洲也不受重視，而在我們及非洲都很重視，對老人家的話唯命是從。」

「非洲人的家庭觀念很深厚，大都是大家庭制度，而且很團結，一個家族內如果有一人當了部長，那眞是『一人得道，鷄犬升天』，大家都以這位部長爲榮，大家都有飯吃。他們認爲族人有彼此撫養提攜照顧義務。這和我們海外華僑一樣，華僑也是靠彼此幫助建立經濟基礎的。我們中國人從前沒有保險制度的習慣，也不予以重視，都是靠自己族人，兄弟互相友愛，扶持濟助，而非洲人也是如此。」

講到禮貌，非洲人雖然教育程度不高，但是人與人見了面，又親臉又擁抱，而且拉着手寒喧半天，從你的父母子女兄弟問起，最後才問到你好嗎。他們對長輩或長官，他一定要半跪式的、伸右手，用左手托肘，表示非常的禮貌。

吃飯也是團聚一桌，菜餚都放在中間，大家一起享用，所不同的是他們用手抓，而我們用筷子。

至於宗教方面，大都是以回教爲主，其他如拜物教的人數也相當的驚人，也許是非洲黑人原始宗教的遺跡。

「非洲尙無佛教，將來我們要弘揚佛教的話，倒是可以去非洲創立一個基地。非洲既有這麼多的人信奉拜物教，如果把他們的拜物改成拜菩薩的話，就可以慢慢把佛教傳到非洲。既然別的教可以傳入非洲，佛教也應該可以發揚到非洲。道教在非洲也沒有，似乎可以在非洲成立一個道教研究會。」

至於我國派去的農耕隊，無可諱言地，受到非洲朝野人士的一致好評，甚至有榮獲殊勛的，有塑紀念碑的。農耕隊那種吃苦耐勞，克勤克儉的中國傳統美德，無形中已播種到了非洲。

（民國七十二年七月）

芮正皋大使談非洲的觀光事業

由觀光學會所舉辦的一項座談會上，特別邀請了專欄作家吳延環立委及前駐象牙海岸大使芮正皋博士，就「如何促使我國觀光事業之提昇」上，分別作了專題報告。

吳委員特別強調了觀光與文藝的重要，他認爲一個風景區如果沒有文藝，就如人之沒有靈魂；花之沒有香味，並列舉了大陸上的名勝古跡如岳陽樓，瀧岡，盤谷，安濟橋、寒山寺等地之所以吸引大量的遊客，就是因爲有文藝的存在。

因此，吳委員切盼觀光當局，常請些文藝作家，前往寶島台灣新闢之觀光地區遊玩；使他們產生靈感，多作些詩歌文章，以吸引遊客。

接著由芮大使發表演說，提到非洲的觀光事業時，他說：

「非洲近廿年來，觀光事業發展得相當迅速，成爲一種新興的事業，而且他們到處收集古老的非洲音樂及原始土風舞，以招攬遊客。

就以象牙海岸來說，由於風景奇特，加以經濟繁榮極速，已成爲國際觀光都市，每天到首都阿必尙的班機不下十五班次之多。

近年來，象國的觀光飯店如雨後春筍般，到處林立，就以最有名的象牙旅館爲例，由於觀光客的驟增，原有的房間已不敷使用，而又加蓋一棟廿層的高樓，七百多個房客，仍然天天客滿。

除了客房外，它的設備可以說是全世界最齊全的，內部包括了保齡球館、以及非洲土產藝術專櫃及展覽館、超級市場、溜冰場、電影院、按摩院、賭場、夜總會。戶外前有網球場、羽毛球場、高爾夫球場、游泳池、兒童娛樂場等，甚至還有直昇機場的設備。

特別一提的是非洲藝術品的陳列室，是設在地下室，彷佛一個小型的博物館。壁上掛的，地上擺的，都是非洲原始的手工藝品，尤其是各式各樣的木雕面具，實在吸引不少遊客，這大概就是所謂觀光與藝術之結合吧？

至於「賭場」，是僅限於外國人，本國人禁止入內進出都要檢查護照的，是賺取外匯的好法子！不知國內是否可考慮開放「賭場」的設置，以招攬更多的遊客以吸收更多的外匯？

象牙海岸旅館之所以生意興隆，還有一個原因就是它擁有一個可容納兩千多人開會的國際會議廳：這個會議室內也是應有盡有，包括了圖書館、酒吧、郵局、電信、電話等設備。會議室兩邊的牆壁有著濃厚的非洲風貌：一邊是野生動物羣，一邊是象羣，讓人一看就知道是身在非洲了。此外一週兩次的非洲土風舞表演也是招攬不少觀光客。

至於如何促使我國觀光事業之提昇時，芮大使建議政府大量投資開發風景區，同時加強國際宣傳，觀光事業的興盛，間接地就是增加了政府的收入。

據統計八〇年代，各國觀光客數字是：義大利每年有四千萬人，西德八百萬人，瑞士七

百多萬，美國八百多萬亞洲地區最少，而且以香港爲主，一九八二年有二千多萬，日本一千八百多萬，我國有一百四十多萬，大陸開放之後，也只不過三十多萬，不夠和我國競爭。我國在這方面應奮起直追；當然，觀光事業必須和內政、外交、教育、文化、衛生、新聞等互相配合。

提到衛生時，大使幽默地說：

「我每次到一家餐館去吃飯，首先先檢查廁所是否乾淨。但是許多有名的飯店，菜固然不錯，裝潢也富麗堂皇，可是廁所都令人不敢領教。」

「還有許多公共場所的音響太大，毫無幽雅之感，而是噪音。人們談話必須提高嗓子，這些都是令觀光客裹足不前之原因。再者如日月潭、阿里山的山地舞太商業化了，毫無藝術的美感。

「交通是都市之臉，台北市的交通太亂，尤其是燈號標誌不夠明晰。使我想到當年我留法國時，有次駕車在馬路上，突然警察先生客氣地請我停下來，因爲有一位老太太正想橫過馬路。由此可見，在斑馬線上行人第一，反觀台北市，在沒有燈號的地方過斑馬線，就如同身入虎口！」

「因此，想提昇觀光事業，整頓交通秩序，實爲當務之急。」

最後大使提到一個有趣的建議：

「中國的菜是世界聞名的，不妨多舉辦烹飪等品嚐會，來吸引觀光，讓外國人知道我們吃的藝術」。

原來大使本人早已是世界美食品嚐會及品酒會的榮譽會員；他常藉著品酒或品茶的時候，介紹會員們別忘了來美麗的寶島台灣看看。因爲只有在自由民主的中華民國台灣，才可以品嚐到各式各樣的佳肴。

同時，他也建議，不妨以我國爲地主國，舉行一次國際性的品嚐會，邀請各國美食者來參加，則不但可以促進國民外交，同時還可以提昇觀光水準！

藝術的外交

芮正臯主講　鄭向恒摘錄

什麼是藝術外交呢？那就是一個從事外交工作的人，除了具有基本知識技能外，尚須適時、適地發揮其特有的才藝，以達到外交目的。這就好像作畫一樣，要先構想，佈局，再予着色，務使色彩調和，濃淡相宜，恰到好處……

前駐象牙海岸的資深大使芮正臯，於三月十七日應市立美術館之邀在該館作了一次精闢的演講，令人有耳目一新之感。

因篇幅有限，玆錄其演講中有關外交官的十八般武藝於后：

一個外交官，甚至駐外人員，除了要有堅貞的操守，以及對黨國的忠心外，以我個人的經驗來看，他所扮演的角色，如同武打一般，還必須具有十八般的武藝。

這十八般武藝包括了接電話、打字、開會、譯密電、通外語、熟悉國情、知禮儀、善飲食、能說善道、會跳舞、收集情報、記憶力好（能記人名）、會打獵：其他如琴、棋、書、畫，以及會打高爾夫球更好。

但是必須在以三民主義統一中國的原則下，或在外交部的訓令下，來發揮你的才華。

就以「六義士案」來說，當韓國以司法案例處理六義士奪機案時，國人無不義憤塡膺，而我駐韓薛大使却逆來順受，從容不迫，根據他四十年的外交經驗來交涉。就如同烹飪一樣，火候不到，不能上桌，必須耐心等待。等待「司法程序」亦如此，如果堅決要求韓國放棄其國家利益，轉而完全維護我國家利益，意即不顧海牙公約規定，六義士不經司法程序，立刻送回我國，則在國際關係之正常情形下，實無達成之可能。

由此可證，外交官必須具有沉着穩重的修養，才能對付這千變萬化的國際局勢。做任何事固然要快，但快絕不是草率，而是快中有序，待機而動。

外交是門極高的藝術。在韋氏大字典中解釋外交就是「國與國間進行談判以達到彼此滿意條件之藝術及實行。」The Art and practice of conducting negotiations between nations for the attainment of mutually satisfactory terms.（Webster Third New International Dictionary）

英國也有句話：「Take the rough by the smooth.」就是「逆來順受」的意思「S-mooth）就是柔順、柔和、溫和、圓通的意思，好比着色的協調、安祥。

外交不僅是藝術，也是一門極高度的學問；孫子兵法謀攻說得好：「是故百戰百勝，非善之善者也，不戰而屈人之兵，善之善者也，故上兵伐謀，其次伐交……」又提到「知己知彼，百戰百勝」的道理，都是說明以計謀屈服對方的重要，亦今之外交戰略。使我想到一九六九年時，聯合國開大會前夕，為了爭取非洲塞內加爾投票支援我國的例子。當我奉命去晉見塞國總統桑高時，我已事先收集情報，知道他是一位深明大義，通情達理，而又愛好中國文化的人；但又具有一般非洲人士傲慢矜持性格，因此，在晉見他時，首先和他談論一些文化的事，以博取他的好感。因爲他是一位詩人，他的詩集封面是紅色的，我稱讚他的紅色是具有建設性的，而紅色的毛語錄却是毀滅性的，接着恭維他在文學上的成就，再引到正題，後來終於扭轉了塞國對我「代表權」的投票態度。

外交又如下圍棋，不慌不忙，不動聲色，處處設想週到。一個好棋手，必也是個善於謀略，運籌幄帷的人。

一個傑出外交官，還必須具有演戲的才華，譬如我初到上伏塔時，館裏祇有我一人；有時電話來了，對方誤以爲我是秘書，要請大使聽電話，當時爲了體面，只好冒充自己是秘書，過一會再又改變聲音，自己再接。

幽默也是一種外交藝術，在某種場合，說一段幽默雋妙的話，可使氣氛和諧。

一九六四年正是我與非外交全盛時期。我曾率領由四十人所組成的文化訪問團，前往非洲十多個國家，展開文化訪問活動，白天文物展覽，晚上表演傳統的國樂、國劇、舞蹈，深受好評。在座的鄭女士，就是當年隨團團員，演奏古箏、琵琶，後來於一九八二年九月，我國與象牙海岸再度亮起紅燈，該國外長與匪勾結時，鄭女士曾再度飛到象國，和我共同主持一個長達六小時的電視節目，來介紹中華民國的十大建設，文化活動等，鄭女士並於現場表演了古箏、琵琶，我則表演書法。雖然目前我已與象斷交，但是仍保持了經貿的實質關係，象國人民仍對我友善。

其他如針灸、農耕示範，都是很好的外交方式。

以前德、法、比、盧森堡等國在討論歐洲鋼鐵共同體（目前歐洲共同市場的前身）都在爭取開會的場所；只有盧森堡沒有開口，因爲盧國太小。結果德、法、比三國一直討論到深夜三點，筋疲力盡尙無結論。盧外長Joseph Bech巧妙地利用時機說：「你們都不作決定，就暫時以盧國爲開會地點吧！」結果這一「暫時」却變了「永久」，這就是忍耐的代價、等待的代價。

狩獵，也是一種磨練鬥志的方式。我曾經在上伏塔，和貝寧（前達荷美）邊境的草原，獵到一頭野牛，大有爲民除害的痛快，但是在行獵之前，必須等待時機，做好充份的準備，並要眼明手快，一發卽中。

講到時機與忍耐，又使我回想到一九六二年，剛到上伏塔設館時的那段日子；我一人隻身住在旅館中辦公，天熱又無冷氣，常打赤膊上班，租了一輛小汽車，自己充駕駛、跑郵局、發電報、送函件、請帖等等，身兼數職。晚上蚊蟲多，睡不着，就設法打坐，像苦僧一般磨練自己。

上伏塔總統因爲標榜中立，不懂中國問題，生怕產生兩個中國，遲遲舉棋不定，使得外長拒不見我，我只有耐性等待時機，並留了鬍子，如果不成功，決不把鬍子剃去，以示決心。當時連說話的對象都沒有，有時自言自語，惟恐將中國話忘了。有時又不得不運用「大智若愚」，「難得糊塗」等老莊哲學。這期間展開對各方的接觸，並播放一些介紹台灣的影片。

總算，皇天不負苦心人，默默耕耘七個月後見到了外長，才正式設館，展開外交工作，並派農耕隊前往協助種西瓜。西瓜收成時，還舉行慶祝酒會。因土地乾燥。西瓜特別甜。

接着談到宴會的藝術，包括了進退，言談，用餐等禮貌。實非三言兩語可道盡。禮多人不怪，但也要適中，否則「過猶不及」；常看國人乘電梯時，讓來讓去，結果電梯門自動關了，大家仍留在門外，這實無必要。

握手，也要注意，不可太輕也不可太重。如果女士沒有先伸手出來，男士不可自動去拉女士的手。

赴宴會，一定要守時，晚五分鐘無妨，晚半小時則不禮貌。

在外國很重視餐桌上的禮貌，這點，國人常忽略，如喝湯時切記不可出聲，坐的時候腰要挺直，如彈鋼琴姿勢，兩肘不可伸開碰到鄰座，說話也要輕聲……

如果送花給主人，以單數爲主，最好親自簽名。

×

目前我們所處的時代，外交工作是極爲艱辛的。雖然我中華民國臺灣面積小，人口不多，但我們每一個國民和外國人接觸時，要以泱泱大國自居，不亢不卑，勇往直前。並透過各種方式，來促進國際人士對我國的瞭解。

（民國七十四年三月）

漢城秋旅

—兼訪薛毓麒大使—

「是非之口，前倨後恭，同國竟成七義士。
勞病之身，乍冷忽熱，入院甘作一榮民。」

—前駐委內瑞拉大使王之珍贈薛毓麒大使。

這一次赴漢城參加中韓作家會議，有機會訪問了爲「六義士」的釋放而奔波的薛大使，可說是意外的收獲。

時間是在十月廿八日星期日早晨六點半。

地點是從漢城明洞到南山東國大學的來回路上。

這不是刻意安排的一次訪問，在我參加中韓作家會議後的次日，因爲其他作家代表去了日本，獨留我一人在漢城，留下的理由是等廿九號韓國名劇「春香傳」的演出；但是卻沒想到在這段日子中，有幸做了駐韓全權大使薛毓麒先生的座上客。

吃的是道地的韓國菜，聽的是道地的韓國音樂，連大使自己也說，趁此機會讓自己輕鬆一下，同時也多接觸一下韓國的文化。大使是一位健談而又風趣的人，返國養病的十天，我正巧旅行美國，不在國內，沒有看到大使風采。但是在我來漢城之前，在陳雄飛大使處，拜讀了王之珍大使贈薛大使的一首對聯，使我對薛大使產生了無限的敬佩之意。

「不知大使什麼時候方便，我想做個專訪。」在共進晚餐時，我鼓足勇氣的問。

大使欣然同意，隨卽問在座的秘書這兩天的約會情況。

「從現在開始到卅號都排滿了。」秘書邊翻記事本，邊向大使報告。

「你什麼時候走？」

「我預訂了卅號國泰班機回臺北。」

「廿八號，星期天，早上一起早餐好嗎？」

「好呀！我就大使時間。」

「歡迎你來官舍早餐，吃粉絲好嗎？」

原來大使的早餐是粉絲，多節儉。

「不過，早餐前我會在附近散步，差不多八點我會回來。」

「大使每天散步？」

「不，只有週日，不上班，才做淸晨散步，其他日子，早餐前打太極拳。」

心想，大使館門禁森嚴，爲了頓粉絲還得特費一番周章，靈機一動，不如和大使一塊散步漫談，豈不更好？表達了我的意思後，終於訂了廿八號淸晨的散步之約。

中韓作家會議結束後，我下榻的沙威旅館，正好位於明洞，離大使館只有五分鐘路程，爲了怕誤了這個重要約會，前一晚就交待櫃台務必在廿八日晨六點把我電話叫醒。

這大概是我有生以來最早的約會，而且我一定要先到才好。深秋的漢城，清晨相當涼，如同臺灣的寒流來襲。不同的是氣候乾燥，不會令人縮頭縮腦的，我全副冬季裝備後衝出了旅館。

這時天色灰朦朦的，呈魚肚白，大街小巷冷冷清清，只有一兩個清潔工在洗街。這景象和夜晚摩肩接踵，川流不息的人潮相比，眞是不可同日而語。

我連走帶跑，終於先抵達會面的地點—大使館門口。不久大使也依約而至。他一副運動員打扮，套頭毛衣，外加茄克、長運動褲、球鞋，不走近看，還以爲是年輕小伙子哩！

「冷不冷。」大使親切的問。

「還好，您呢！」

「哈，習慣了，比起剛從沙國來這裏時，好多了。」

「您眞了不起，難得星期日不上班，還起個大早。」

「我每天無論上班與否，都是五點半起床。」

於是，我們從明洞出發，向位於南山北麓的東國大學走去，邊走邊談，再回到明洞時，已是晴空萬里，陽光普照了，時間是九點正，我們足足漫步閒談了兩個多小時。

大使和藹可親，對所提問題，言無不盡。

話題大概是從韓國的天氣開始。

「你們來的這幾天，是韓國最好的季節，秋高氣爽，非常舒服。」

「是啊！一下飛機，就感到空氣新鮮，頭腦清新，我很喜歡，只是早晚涼了一點。」

從天氣講到他從沙國初來此地，有點水土不服，剛到任就患感冒，在炎熱的沙烏地阿拉伯待了將近八年，突然在去年寒冷的二月來到韓國，眞是受不了。後來好不容易適應了，五月五日又碰到卓長仁六義士投奔自由的事件。

大使幽默地說：

「……六義士來得太快了一點，事先也不通知一下，我毫無心理準備，好像要請的客人還沒請，就已來了，弄得有點措手不及。」

「是的，國內的人都知道您爲了『六義士案』，精神上受了很大的壓力，但是最後六義士獲釋後，終於苦盡甘來，得到很大的安慰吧！」

「當韓國以司法審判處理六義士奪機案時，的確使我面臨了我從事外交工作以來最大的考驗。」

「當時，您是採取什麼樣的態度。」

「容忍！」

「你一定不知道，我在這種情形下每天早餐前還強迫自己讀一段聖經，聖經中的許多故事給我很大啓示。」接著他又說「根據我四十多年的外交經驗，這件事在交涉時必須尊重海牙國際公約，以及雙方的利益所在必須以一種『異中求同』的方式來處理，換句話說，要考慮在兩國不同立場上求取共同利益，我們不能不顧到國際公法和韓國自己的法律。當然也要顧到自己利益。六義士追求自由，爭取個人人權問題，固然值得同情，但其中嚴重地牽涉到海牙國際公約，因爲六義士是使用武器脅迫機員改變航道的……那陣子我們國人少數人士，一再提出這是『政治』案件，要求以政治案件處理，而且義憤塡膺，口誅筆伐，說我薛某人無能，恨不得把我立卽調回國，要我引咎辭職，以謝國人。這種想法眞令人灰心。」大使激動地說。

心想，若非大使堅強不拔的毅力，六義士不可能提早獲得釋放的。

這時我們正走在退溪路上（紀念韓國大儒李退溪的），我知道「六義士」案，牽涉的層面之多、之複雜，絕不是三言兩語說得完的，於是把話題扯到輕鬆一面：

「以前您出使沙國時也讀聖經嗎？」

「那時我每天讀一段『可蘭經』，漫長的七年零八個月，我才一字不漏地讀完乙遍可蘭經。」

「您用阿拉伯文讀嗎？」

「不，讀英譯本的，但我也學了阿拉伯文」。

「您來到韓國也在學韓文嗎？」

「當然，每天在剃鬍子的時候，就面對著一本用書架架著的韓文。韓文不難，廿四個字母，十四個子音，十個母音，認熟後就可以拼音來讀，慢慢摸索也知道一點竅門。

停了一會又說：

「現在記憶不如以前了，我正在讀一本有關幫助記憶的書。」

「您大學是外文系嗎？」

「不，外交系，一字之差；本來想唸理工科系，後來還是進了中央政治大學外交系，畢業後考入外交部，開始了以後的外交生涯。」

「開始了您以『外交報國』的志向！」我補充說，同時又技巧地引到「六義士」上面：「聽說您在等候六義士宣判的那段日子，常常去探望他們。」

「不但探望，而且逢年過節，我帶著官舍的廚子去替他們加菜，甚至做一桌酒席，我和他們一道吃。」

「那不是成了褓姆了！」我開玩笑說。

「另方面還得奔走於韓國政府機構。氣的是其中還碰到亞青盃籃球賽，中華民國隊因中共持旗參加開幕典禮而退出會場，這類突發事件不斷產生，我差點要精神崩潰了。」

「你們在國內電視看到記者在漢城訪問我的時候，神色一定不好，但是為了處理『六義士案』，我必須要振作。」

「那陣子，國內有些人士對您不滿，您採取何種態度呢？」

「哈！我一點不怕，所以有人說我大概後台很硬。其實，我有什麼後台呢？如果說有，還是那句話，就是積我四十多年的外交經驗！」

提起薛大使的外交經驗，他是最津津樂道的事。他二十四歲進入外交部服務，不久就外放澳洲。那時他正是雄心萬丈的年輕小伙子，除了白天工作外，晚上還在墨爾鉢大學攻讀政治學，獲碩士學位。一九五一年葉公超任部長時，升任條約司長，正遇上「中日和約」及「中美共同防禦條約」的擬訂，這是一項負有重要歷史意義的工作。一九五五年又派任我國聯合國公使副常任代表。爲維護我們代表權而奔走奮鬥十二年，一九六七到一九七一分別被調任駐加拿大、西班牙大使。其中爲了保全中、加，中、西邦交，忍辱負重，受盡辛苦。一九七六年又調至沙烏地阿拉伯，直到去年調任韓國。

薛大使駐沙國期間，曾獲得朝野上下一致好評，如今在韓國又打了一次勝仗，眞不愧是堅強勇毅的外交鬥士。

「上次您重病返國治療，一定有許多感人的事吧！」

「國內同胞太熱情了，太令人感動了。記得有次我在墾丁公園，正巧遇到一羣文化大學學生在那裏旅行，他們看到是我，立刻把我圍了起來，而且唱歌向我致意；原來他們在電視上看到過我，所以一認就認出來了。」

我們在退溪路上走了好大一段，不久上到一個陸橋。寧靜的早上，仍沒人從我們身邊走過。我站在橋上舉目四望，但見漢城街道整齊而乾淨，大樓如春筍般林立，一片朝氣蓬勃的景象。

我們邊走陸橋，邊談韓國，像是兩個老朋友在聊天，從韓國的宗教、文化談到韓國的近況。原來薛大使尚未到任前，在臺北就請教了一些韓國專家而且研讀了很多有關介紹韓國的書。

「您到韓國已經一年八個月了，談談您對韓國的印象好嗎？」我問。

「韓國民族性很強，全國上下都在合力建設。老百姓的守法，重紀律，是值得我們借鏡的。」

「昨天，我去參觀了一九八八年的奧運會會場，相當的壯觀，他們現在是否在積極推展『體育』外交呢？」我又問。

「一點不錯，爲了配合奧運會在漢城舉行，他們拚命地在修建地下鐵路，日夜不停的蓋建大樓。而且改善環境！」大使侃侃而談，接著又反過來問我：

「也談談你對韓國的印象吧！」

「這是我第二次來，和兩年前看到的又有顯著的不同。因爲我是從事文化教育工作，我特別注意到他們在文化古物保存方面，花了相當的經費與心血。」於是我問大使去過民俗村沒有？

「我一直想去看看，可是一直抽不出空，你覺得如何？」大使反問我。

「民俗村，是我第二次訪問，上次是團體去的，所以走馬看花，不夠深入。這次是在韓小說家協會副會長成耆兆夫人的陪同參觀的，有了較深入的瞭解。最令我感動的是在民俗村看到一羣小學生，在老師的帶領下參觀訪問。他們讓國家的幼苗，從小知道韓國傳統的生活習慣，和精神文明。在那佔地約廿二萬坪方的地方，展示了南北八個不同省份的建築，以及各地的民情風俗。最有趣的是廣場上每天有民俗音樂舞蹈表演。

我也抓著機會，大談我的民俗村之行。而且從皮包中取出部份照片給大使看，我指著一張在民俗村席地而坐，在用餐的照片說：

「這是一個類似趕集場的地方，那兒僱用了大批的廚子，每天製作各種純粹的韓國鄉村的糕點供遊客品嚐，譬如綠豆粉是現磨的。」

雖然大使沒空去參觀民俗村，但是卻和我有著相同的看法，那就是：目前韓國的經濟正快速發展，同時另一方面，爲了不使年輕一代趨於物質文明而忘掉傳統文化，因此，在文化的提昇方面，韓國無論政府、民間都在大大地出錢出力推動著發揚著。

突然大使想到明天（廿九號）下午代表我中華民國政府，頒贈一項大綬景星勳章給韓國前國會議員現任KBS放送局理事長宋志英先生，以酬謝他促進中韓兩國文化交流的貢獻。

「宋先生我認識，他以前是韓國文化藝術振興院院長，是位中國通。一口標準京片子，我們兩次在漢城舉行的中韓作家會議，他都撥冗來參加。」

「那太好了，明天也歡迎你來參加，請你做我們的貴賓，帖子明天派人送到旅館去。」

邊談邊走，邊欣賞路旁銀杏樹飄下的黃葉，一片秋意。不知不覺走到退溪路五段，來到了東國大學。這是一座現代化建築的佛教大學。我們拾階而上，爬到平台，可俯覽整個漢城風光。有名的南山塔就聳立在學校的後面，它是漢城的標誌。

校門口，有尊巨大的觀世音石雕佛像，從許多懸掛的橫布條來看，最近正舉行一項有關佛學研究的會議，上面所書全是漢字。在一根石柱上供著一個銅鑄巨象，不知是否該校的標誌？大使告訴我說：

「這是象徵智慧的標誌。」「談談韓國的宗教好嗎？」我又找到了話題。

「佛教算是韓國國教，佛門弟子遍佈全國各地。但近幾年來，天主教、基督教在韓國很盛行。前不久，教宗保祿二世蒞臨韓國，更是掀起了一片宗教熱。」

「韓國的大學教育是否很普及？」我再接著問。

「韓國很重視教育，尤其大學教育相當普及。一個人如果沒有讀大學，無論工作、結婚都很困難，目前韓國全國公私立學院達三百多所，他們極力在培養各種科學技術，和人文藝術人才。」大使說著，同時指著對面建築物說：

「這就是國立國樂院。」

我暗想，韓國的音樂，早年受我國音樂影響，但是我們卻沒有一個國樂學院。由此可見，韓國對傳統禮樂之重視，更勝於我。講到禮樂，大使感慨萬千說：

「我們不知道是否可以設計一套屬於我們自己的禮帽呢？常看到國人著長袍馬褂，可是頭頂卻空空，好像少了點什麼。西方人著禮服（燕尾服）必戴禮帽的。我做外交官一輩子，卻從未戴過屬於自己國家的禮帽。」

「我不知道，禮帽的製訂屬於那個機構，也許中國禮樂學會可以研究一下。」我接著說。

我們可以說是無話不談了。經過一棵楓樹，大使在一張石椅上坐下，順手拾起一片楓葉，沉思半晌，突然又提到「可蘭經」：

「一本可蘭經，就是沙國的法律，嚴峻的約束了沙國國民，因此沙國人是世上最保守的人，他們不可以飲酒，不可以跳舞，不可以看電影，不可以與女人談話……女人臉上一定披黑紗，就是英首相柴契爾進皇宮時也要穿戴黑衣頭紗。」

「在電視上常看到沙國人士來訪時總是和國人左右親臉，他們是這麼多禮嗎？」我好奇問。

「我最初駐沙國最不習慣的，就是男人親吻男人；何況他們兩頰都是鬍鬚！你還必須忍耐，交情愈深，親的次數愈多，入境隨俗，我在沙國近八年，也記不清親了多少男人。」

心想，做大使眞不簡單，傑出的外交家，同時也是傑出的演員哩！就以六義士來說，他的確是扮演了一個很難演的角色。

可是大使卻謙虛的說：

「我在協助他們獲得自由的過程中，只不過是大機器中的一顆小螺絲。」

「多重要的螺絲，六義士碰到您這樣一位有耐力又有修養的大使，眞幸運啊！」

「今年二月在國內舉行使節會議，您好像沒有回國？」

「是的，我向六義士保證，他們不回臺北，我也不回臺北；他們回臺北，我才回臺北。」

我靠著楓樹，任那楓葉在眼前飄落，蠻有詩意的，突然我低吟著柳永悲秋的詞：

「漸霜風淒緊，關河冷落……是處紅衰綠減，苒苒物華休。」大使也接著吟下半闕：

「不忍登高臨遠，望故鄉邈渺，歸思難收。嘆年來蹤跡……」

「何事苦淹留」我又接了下來。

原來大使還是個喜歡吟玩詩詞的人。

看看腕錶，已經八點半了，我們沐著金色的晨曦，慢慢往山下走去。途中我報告了一下這兩天我中華民國作家訪問團在韓國的參觀活動。

「我覺得韓國前線士氣高昂，我們參觀第三坑道後並在『滅共館』聽取簡報。之後又在高出的平台上瞭望北韓；當瞭望到韓共頭目金日成的塑像前面，一羣小學生在操槍吶喊情形時，一幅侵略者的醜形惡狀，在十月的秋天裏，更是一片『殺』氣！」

使我想到薛大使在中韓作家會議開幕的致詞中特別強調：「中、韓兩國同受共黨的禍害，希望今後繼續加強敦睦友誼，密切合作……」的話。

是的，中韓兩國今後的密切合作，仍要靠薛大使不斷的努力奮鬥。

「您要爲國保重啊！」在大使館門口分手時，我由衷地祝福大使。由於這兩個多小時的散步漫談，使我深深體會到，任何一個時代的外交政策及駐外人員，沒有比目前所處的環境更堅定、更堅苦的了！

（民國七十三年十月）

四訪檀島話今昔

——鄭彥棻先生歸來談片

黨國元老鄭彥棻先生，不但是三民主義的忠實信徒，而且是一位忠實精幹（蔣公在彥棻先生七十歲時所題贈）矢志獻身黨國的反共鬥士；他雖已屆八十三高齡，但是只要黨國需要他，他都樂意接受，努力以赴。這次彥棻先生前往革命聖地檀香山，主持興中會創建九十週年大典，就是一大明證。有天早上，我突然接到一通電話，「今天清晨我看你寫的玻里尼亞文化村巡禮，寫得很有情調，也很生動，希望你多多寫作。」

正在熟睡中的我，突然被這幾句話敲醒過來。聲音親切、誠懇；原來是彥公打來的，心想他老人家起得眞早！我的這篇遊記是我去夏威夷回來後寫的，沒想到引起他的注意。後來我在電視新聞報導上才知道他代表蔣主席經國先生前往夏威夷檀香山主持興中會建黨九十週年紀念大會並演講。大約兩星期後，在國賓飯店的一個婚宴上，意外地看到彥公也在場並正向主婚人道賀，我忙上前去請安並致意。「不久前才在電視上看到您在檀香山主持大會的新聞片，怎麼這麼快就回來了；有沒有去歐胡島參觀玻里尼西亞文化村呢？」我一口氣問。

「我們完成任務就回來，沒有去參觀玻里尼西亞文化村，我兒子至豪在洛杉磯打長途電話請我去看看他們，我也沒有答允。」

彥公的公而忘私及絕不假公濟私的作風，更引起我對他的尊敬，他眞了不起。

本來這是應該請蔣秘書長代表黨前往主持的，可是，主席蔣經國先生要我去，我當然義不容辭，努力以赴。」彥公因另有約會，說完了很快就要離開宴會場所，我陪他下樓，因距離入席尙有些時間，我們乾脆就在咖啡座坐了下來，叫杯番茄汁，繼續我們的談話。

茂宜島孫德彰牧場，中山公園足資瞻仰

「那麼您除了開會還去些什麼地方？」

「到過茂宜島。」

「茂宜島？」好陌生的地方。

「是的，好多人都不知道，這是　國父少年時到夏威夷依兄的故居；那時　國父的哥哥孫眉（字德彰）在茂宜島有一個牧場，而且有了事業基礎，可以資助　國父。」彥公吸了口番茄汁接着又說：「因爲茂宜島上　國父的哥哥有了牧場和其他事業，　國父才有財力在檀香山創立興中會，這是我爲什麼訪問茂宜島的原因。如果說檀香山是革命聖地，那麼茂宜島則是革命的發源地。」

「那您是抱着朝聖的心情去的了？當時您和那些人一塊兒去的？」我好奇地問。

「訪問茂宜島，是我們訪問夏威夷的最後一項活動，十一月廿五日晨，我們在中山學校

校長楊華德和華僑慈善會主席羅揚惠的陪同下乘坐阿羅哈班機前往的，同行的還有　國父的孫子治強和他的兩個小孩，以及鄭兆麟代表蕭行易教授等人。」

「您在茂宜島有什麼活動呢？」

「首先，在茂宜島市長秘書白寧先生嚮導下，參觀了紀念　國父的中山公園，恭向　國父銅像獻花致敬，遊覽了姑刺牧場及茂宜華人區。」

「有些什麼感想呢？」

「我在中山紀念亭徘徊瞻仰之後，深感美中不足的是銅像的基座不夠高，而且　國父與茂宜島的關係和他的豐功偉績都沒有用中英文鐫刻在石基上，讓人有所瞭解。同時，如在中山亭的外面種上梅花、柳樹等中國的花木、假山，則更能使在此瞻仰、憑弔的人更有親切之感了。」

「　國父哥哥孫眉公的姑刺牧場還存在嗎？」

「在是在，却是荒蕪一片，沒什麼史蹟可尋，也沒有任何界限碑記。」彥公感嘆着。

「看到些什麼人？」

「看到了孫眉公生前的芳鄰房玉祥老華僑，已八十八歲高齡了，行動不太方便，坐在輪椅上。他還依稀記得孫眉公故宅的形式，他還叫得出『孫逸仙』，但不知『孫中山』是誰，大家面對這片荒地感慨不已。」

「如果我們政府把這塊土地買下來，重建孫眉公的故宅，作為　國父史蹟的一部份，不是很有意義？或是在這片牧場原址建一紀念碑，也不致讓這重要的史蹟湮沒啊！」

「島上華僑有多少？」

「如今只留下五、六十家，大有今非昔比之感，由於謀生緣故，多已遷往檀香山。現在島上還有致公堂、和興會館、國慶會館等。這些都是築於民國二、三年的樓房，可以想見當年是相當興旺的，如今已是門可羅雀了，和興會館門前有『和平聯一體，興讓洽羣情』之大對聯，可見其宗旨。正廳奉祀關公，樓閣中殘存着龍頭獅被，廚房尚存銅壺鐵釜，足證以前常有僑眾餐敍。可惜現已塵封，令人感慨。庭院內有一楊桃樹依然無恙。」

「那兒也有楊桃樹？」我好奇地問。

「不但有楊桃，而且還有番石榴，茂宜市長泰華利接待我們時，並贈我們每人一簍番石榴，熱情可感。」

「希望很快拜讀到您的檀島之行的大作。」「不行，近來我的白內障醫療後醫生要我節用眼力。如果能由我口述，請你筆錄，那就好了，不知可以不可以？」

「好啊！希望我有此榮幸！」

我們談話到此告一段落，婚宴酒席也將開始了，我送彥公上車時，約好改日造訪筆錄。

僑胞懷念　國父，興中老會員話當年

又過了幾日，某天的下午，在約定的時間內，我來到了彥公的家裏。這是一座新蓋的五層樓房，堅固樸實，是由原來的日式房子改建而成。彥公住在一樓，內部的格局和以前舊式的一樣，壁上仍舊掛着先賢名人的書畫眞跡。彥公精神抖擻地來到客廳，一襲數十年如一日的中山裝，一如數十年忠實的中山先生的信徒。

他手上捧了兩本相簿，裏面都是他此次在檀香山主持盛典的照片，包括了參加歡迎會，主持建黨九十週年大會、座談會、紀念酒會、參觀文化廣場與中山學校以及訪問茂宜島等。

彥公一邊吩咐沖咖啡拿點心，一邊開始了我們第二次的訪問談話。

「這是您第幾度赴檀香山？」

「第四度，不過，距離前次的訪問相隔了十四年。」

「有甚麼感想呢？」

「前度訪問，曾見到和　國父幼年共學的鍾工宇老先生，他是與中會的會員，如今已不在人世了。」

「那麼這次見到些什麼老友？」

「這次看到了許多老朋友，其中包括前美聯邦參議員鄺友良先生伉儷，我初當僑務委員會時，已與鄺先生訂交。他訪臺時，我曾陪謁先總統　蔣公，此次重逢，彼此都非常快慰，他還問起以前訪臺所見過的人物，囑代爲致候，並談及他所到過的地方。」

「他目前做什麼？」

「他退休之後，在郊外經營一個大農場，農場內種了許多來自我國的花木果樹，並建了一個圖書館，搜藏中國圖書，他說：等到相當充實之後，便捐獻出來，讓大家享用。

「他是我國眞實的朋友，胸襟寬大，着實令人敬佩。」

「您還見到其他的革命前輩的子弟嗎？」我接着又問。

「見到中山學校現任校長楊華德，他是已故革命元老興中會楊廣達公的哲嗣。廣達公乃國父親密同志，當時興中會改組爲同盟會時，成立秘密團以作核心組織，便派廣達公任團長，以後連任六屆支部長。國內和僑區來往同志，都以其商店爲據點，對 國父革命活動所需，資助從無吝惜，以致產業消耗殆盡。華德校長淵源有自，繼長學校努力革新。其他如興中會會員的遺裔，黨齡在五十年以上的華僑，最令我高興的是慶祝酒會上遇到民國四十一年首次訪臺的觀光團團員，參加僑務會議和文教會議的彥達，並且見到了鍾工宇的哲嗣鍾桂全兄。他看到自由祖國的人，欣喜萬分，自認以出身於革命世家爲榮，還特地出示其父生前與國父交往的照片文物。與國府頒贈的勳章以及其父手著：『夏威夷七十九年』的遺作，他還念念不忘曾經訪臺的印象。握別時，囑代敬祝蔣總統經國先生政躬康泰。」彥公侃侃而談，聲音宏亮，雖已年屆八十三歲，却記憶力甚強。

文化廣場中華臺樹，處處洋溢革命情操

「您常說沒有僑教就沒有僑務，檀島的僑教情況如何呢？」

「我們在抵達檀島的次日，便由兆麟兄陪同參觀了興中會紀念堂、 國父銅像，同時也

參觀了位於文化廣場內的中山學校。紀念堂是三層樓房的建築，聳立於新華埠，充分表現檀島僑胞同志對革命歷史的崇敬，它不是宮殿式的，而是仿我國古代的『臺榭』型。」我乘機請彥公講講裏面的情形：

以下是我根據彥公的描述：一樓出租開餐廳，二樓是國民黨總支部和所屬中華新報與國術團的辦公室，包括了印刷廠和練武場，四壁展掛　國父領導國民革命的歷史圖片，充滿革命情操，令人神往。大堂的後面是會議廳，可供僑團開會用。堂前是閱覽室，陳列書報雜誌，供僑胞自由取閱。三樓是大禮堂，面積五千平方呎，僅保留一史蹟室，展出很多革命史蹟。包括興中會宣言、會中繳費及進出帳目表，以及　國父、先總統　蔣公，黨國元勳如黃興、陳其美、胡漢民與吳敬恆諸先賢的眞蹟，此外還有　國父家庭和在檀島求學時的照片，非常珍貴。

「位於紀念堂右側的　國父銅像是我國政府捐贈的嗎？」

「對，不過是由總支部幾經交涉始獲檀香山市府允准而由高雄市政府捐贈的。」

彥公邊講邊指着一張他向　國父銅像獻花致敬的照片。但見　國父身着長袍，態度從容，充分表現出組黨革命的志節，儀容莊敬。

「看起來　國父只有二十幾歲模樣？」我好奇的問。

「這是陳一帆先生參酌了　國父創立興中會時的年齡而塑造的。」

「難怪這麼年輕！」

我們似乎都沉緬在當年　國父創立興中會的時代了，　國父宣讀興中會的宣言，依稀可聞。不同的是當時興中會的宗旨是「振興中華，維護國體」；後來中國國民黨的宗旨是「驅除韃虜，復興中華」，而現在我們要致力的是「驅除馬列，復興中華，實現以三民主義統一中國」。

慶祝建黨九十週年，講革命史分三期

「我在獻花時，當地市府的樂隊也到場演奏中美國歌和夏威夷州歌，各僑界僑團均派代表參加，場面感人，希望我華僑同志發揮興中會的精神，再創造第二次辛亥革命，推翻中共僞政權。」

說到這裏時，彥公走進書房，拿了一份他在檀島向華僑演講的講稿給我看，原來彥公把九十年來的國民革命史，簡單的分爲三個時期：

第一期是由興中會的成立到辛亥革命的成功。我們推翻了君主專制，建立了中華民國。

第二期是由建立民國到抗戰勝利。我們打倒國內軍閥和軍閥賴以生存的帝國主義。

第三期由抗戰勝利到現在。革命的對象是中共，中共奉行馬列主義，實行無產階級專政，所以這一期是以驅除馬列恢復中華，是反侵略、反極權戰爭的時期。我們要更加團結，更加努力。

第一、第二兩期的工作都已先後成功了，我們相信在英明的蔣總統經國先生領導下，必能達成驅除馬列復興中華以實現三民主義統一中國的任務的。

我們喝了些咖啡，又用了些點心。

「中山學校是　國父所創辦的嗎？」我問。

「中山學校係　國父第六次訪檀時，策同僑彥同志所創辦。初名華文學校，後來爲紀念國父，才改爲中山學校。」

「學校設備如何？」

「外型高敞宏偉，像一學府。樓高兩層，地下停車，樓上教室有十餘間，光線音響都合標準，衛生設備尤爲完善，並有室內運動場，相當廣闊，集合時可兼做禮堂用。正面恭立國父半身像，供師生瞻仰。海外僑校能有如此軒敞美觀之校舍者，實不多見。」

由此可見，檀島到處都有　國父的遺愛，也處處表現出當地僑胞重視文教對　國父的崇敬。

獻身黨國逾六十年，　國父演講音容宛在

「您是什麼時候，什麼情況下接受革命洗禮的。」我問。而正在此時，忽然門鈴響起，原來是台北市黨部馬副主任代表蔣主席頒贈一個紀念狀給彥公，以表揚「忠黨愛國」的情操。經過彥公的介紹方知這位馬副主任鶴凌先生正是青年才俊馬英九的尊翁。

紀念狀上的全文是：

「參加本黨奉行三民主義，獻身革命，已逾五十年，始終不渝。茲值本黨九十週年特贈紀念狀以表敬意。主席蔣經國。」

我急忙上前向彥公道賀：

「恭喜！恭喜！」

「其實我的黨齡已超過六十年了。」

不久，馬副主任告退後，我又回到方才的話題：

「您是甚麼時候入黨的？」

「民國十二年我廿多歲，在國立廣東高等師範做學生時就已由校長鄒魯先生介紹入黨，迄今已有六十二年了。」

「當我讀高師期間，就受到　國父的感召和校長鄒魯（海濱）先生對國家忠誠，對民族熱愛的薰陶。」

「那時您曾聆聽　國父的演講？」我問。

「不但有機會恭聽　國父演講，在大學四年級的時期，我還恭聆　國父在我的母校大禮堂演講三民主義，愈聽愈起勁呢！」

「眞令人羨慕，講講您的印象吧！」

「印象最深刻的是　國父步入學校時，態度從容，手持拐杖。登臺演講時手上沒有講稿，只有個小的備忘紙條，卽席發揮，深入淺出，趣味雋永。」

「國父對本校學生期望甚高。」

「因此您投入了國民黨的行列，而且成爲三民主義的忠實信徒。」

「是的，在學期間，校長給我不少有關主義的書，高師畢業後，校長留我做附屬小學訓導主任，不久又選送前往法國里昂中法大學深造。我還記得那時我們帶了大批三民主義大字本到法國去，供同學閱讀。同時民國十八年，中國國民黨召開第三次全國代表大會時，我被駐法總支部推選爲代表，返國參加大會。」

最令人感動的是抗戰時期彥公在重慶曾擔任三民主義青年宣傳處處長及文化建設運動委員會主任委員職務時，他認爲青年人一定要研讀三民主義。抗戰期間，許多地方找不到三民主義而許多鄉下青年也買不起三民主義書本，於是彥公發動徵印三民主義一百萬冊運動。這個運動由全國三民主義青年團以及黨部組織推動，結果得到各方的熱烈響應和贊助。

彥公以學者從事黨政工作，六十年以來，無一日不在爲黨國努力奮鬥。最難得的是民國三十八年從南京、廣州、重慶，輾轉來到臺北期間，都在政局動盪之中，却能排除萬難，應付多變，把所有黨員名冊帶來臺北。

後來彥公任司法行政部部長時，最重要的措施是推行三民主義的獄政，倡行監獄「學校化」、「工廠化」與「醫院化」。

「您眞不愧是三民主義實行者，難怪這次一定要派您前往檀香山主持興中會創立九十週年紀念大典。」

「這的確是個重要的紀念大典，因爲興中會是　國父中山先生領導國民革命所組織的第一個革命團體。」

「當時　國父眼看滿淸專制腐敗，加之受到中法戰爭的刺激，於是放棄行醫，決志獻身革命事業。」彥公接着又說：

「於是他回到家鄉香山縣翠亨村，撰寫上李鴻章書，其中所提救國四大綱領，目的是改造中國。　國父偕同陸皓東北上，欲會見李鴻章，可是適逢中日甲午戰役，李鴻章外出督師，不在北京，未能見到；於是　國父再度來到檀香山，結合同志，積極從事革命活動。在其哥哥孫眉的資助下，在光緒二十年（西元一八九四年）十一月廿四日成立興中會。但是當時參加的人大都是基層人士，起不了號召的大作用，於是　國父到美國本部及歐洲，如英國、比利時、柏林、巴黎等地，分別集會號召知識份子。結果，吳稚暉、朱和中、魏宸組、薛仙丹、馬德潤、李石曾、張人傑、蔡元培等都踴躍參加。其後在日本東京成立同盟會，革命活動接踵而起，波濤洶湧。國內外有識之士及青年留學生，如胡漢民、朱執信、戴季陶、廖仲愷均獻身革命，形成時代主流，及到辛亥革命成功，終於推翻數千年之專制政體，建立了亞洲第一個民主共和國。」

復興中華驅除馬列，三民主義統一中國

「廿四日那天的紀念大會一定很隆重？」

「那天由我主持大會，並以『驅除馬列，復興中華，實現以三民主義統一中國』為題致詞。」

「 國父嗣孫孫治平也應邀講話，他對全體革命黨人、全體華僑對 國父永恆的懷念，表示感動與謝忱。檀香山辦事處處長左紀國也在會中致詞，中央海工會主任鄭心雄在會中頒發紀念狀及榮譽章和獎章表揚資深及績優人員。」

「最令人感動的是與中會會員的子弟（老華僑）和年輕的同志站在一起，正象徵着革命的聖火綿延不絕。」

「除了大會外，還有什麼活動？」

「一個由鄭主任心雄主持的『中國國民黨與中國』的座談會，有中央黨史會副主任林徵祁，以及丘宏達、陳博中、蕭行易等教授發言，最後我也講了話。」

「有什麼特別印象呢？」

「我覺得 國父的母校校長孔牧師說得好，他說：『國民黨崇奉的三民主義是淵源於中國傳統的儒家思想，故可以救中國。而中共堅持馬列思想則實足以禍中國，並舉出具體事實說明中共的暴政必亡。』」

建黨聖地飲水思源，長念僑胞愛國熱忱

「您講講與中會的重要性好嗎？」

「記得在抵達檀香山次日（廿三日）晚舉行興中會誕生的暖壽餐會上，我曾致詞提到興中會的重要性，大家都知道中國國民黨的前身是中華革命黨，中華革命黨的前身是國民黨，國民黨的前身是同盟會，同盟會的前身是興中會，飲思水源，興中會當然重要。」

檀香山是　國父九十年前創立革命黨的聖地，也是國民黨的發祥地，無興中會就無同盟會，無同盟會就無辛亥革命的成功。興中會的成立，不僅點燃了革命的火種，而且也點燃了全國同胞的理想火焰。

「您回臺北後有何感想？」

「離開革命聖地後，對於華僑們所洋溢的愛國熱情，至今縈迴腦際，永不能忘。」

（民國七十三年十二月）

面對吳榮根義士

「大陸上也有胖子」這是出於投奔自由的反共義士吳榮根之口，你相信嗎？的確是我親耳聽到的，是十二月十日在愛盟所舉行的慶祝人權節的聯誼餐會上聽到的。這天，吳榮根義士也應邀參加，盟員們大都爲一睹義士風采而來。地點在聯勤外事俱樂部。這是個極輕鬆而又親切的一個餐會座談，面對義士，無所拘束地暢所欲言。義士很快地也和我們打成一片。話題多半是趣味性的，令人捧腹的，譬如其中一位朋友問義士有沒有發現在座者有多少胖子。

結果義士不脫稚氣地說：「胖子都站起來看看，」一呼百應，眞的，有些胖子就自告奮勇的站起來給義士看。

義士弄得面紅耳赤，笑着說：「不要全站起來，就請最胖的一位站起來吧！」一位個子又高，身材又胖的老兄，自認爲是在座噸位最大的。站了起來，一時弄得哄堂大笑。在笑聲未了之時，義士却吸了口煙一本正經地說：

「胖子，大陸上也有……」大家都楞住了，以爲他在開笑玩。接着他表情沉重地說：

「是那些高幹，那些做官的，好吃的都給了他們，他們生活是很享受的，吃得肥頭肥腦的。所以，你想知道他們的官大官小，只要看他們肚子的大小……」

義士說話，就是這麼地樸實，毫無繪聲繪影，加油加醋的。從這段話，正證明了大陸上高幹和一般老百姓生活上的差別了。

自從義士駕機歸來後，時在電視上看到他，大家都認爲他在英勇果敢之外，不失其赤子般的純眞。

今天，終於見到了他的盧山眞面目。看起來比電視更年輕、憨厚。我眞不敢相信，坐在我面前的這位年僅廿五歲連說話都會臉紅的小伙子，居然是舉世聞名的英雄人物哩！一點也看不出來他曾幹過那樣「轟轟烈烈」的事！

他的個子不如想像中高大，但却英俊瀟洒，五官清秀而帶稚氣。說話非常地坦誠而不加修飾，更不善於辭令。

當他被朱婉清女士陪同進入會場時，我正好在門口，我們互相凝視了一下，是我先開口：「你好！」他只微笑，露出一排潔白牙齒，而我也忘了稱呼：「義士」。

給人印象，義士像塊未雕琢的玉，正如他自己所說，他是文化大革命中的犧牲者，長時期沒有接受教育，沒有學習。十七歲就當了兵，根本沒有讀過書……像他這種情形的，大陸上眞不知有多少？眞是數也數不清。

有人問他有沒有當過紅衛兵。

他坦率毫無掩飾地回答：

「文革時期，我還趕不上當紅衛兵，那時，我才十歲，只有資格當紅小兵。」

他指着我們衣襟上貼的名牌說：

「我們每個人身上掛了一塊紅布，大小就和你們名牌的大小一樣……」又是一陣哄堂大笑。

這個問題，勾引起了他當紅小兵時的情景：

「那時，我們這羣孩子，一天到晚跟在大人後面，搖旗吶喊，喊什麼打倒劉少奇，打倒鄧小平之類的口號，而且不能喊錯，否則就被抓去。小孩嘛，懂什麼呢？有時候一緊張就把打倒劉少奇，喊成打倒毛澤東了；那還了得，可是就有許多無辜的孩子因喊錯口號而犧牲了。其實那都是大人在鬥法，我們小孩懂什麼？」

「文革時期，要整人，很容易，隨便給你定個罪名就可以叫你坐牢。譬如椅子上舖了張印有毛澤東畫像的報紙，如果你不小心坐在上面，那可有得瞧了，非立卽抓走不可。人命不值錢。」

因爲這個餐會是慶祝人權節而舉辦，所以有人問到他關於人權問題。

「在大陸上，毫無人權可言。不但沒有說話的自由、行動的自由，就是連『不說話』的自由，『不行動』的自由都沒有。」

至於他來到中華民國臺灣後的觀感，他也直覺地說：

「一切比想像中更自由、更民主，只是交通亂了一點。」

問到目前交到女朋友沒有，他又臉紅了。

「在大陸，我有過女朋友，我們交往兩年。人嘛，總是有感情的。現在我才來了一個月，就另交女友，有點說不過去……」

這正是說明了在共產極權奴化教育下的青年，表面上是不講溫情的、是痲木的，但是人性的光輝，仍然是抹煞不了的。只要人性不變，共產暴政是無法長久存在的，且必走上毀滅的道路。

但是文字的改革，是項極嚴重的問題。文字簡化，無疑是使中國文字摧殘無遺。

在這方面，義士提出了他的看法：

「我來到這裏，最大的困難是讀報上的正體字。在大陸我們都是用簡體字，已看習慣了、寫慣了。目前大陸成立了一個文字改革委員會，恐怕還要繼續地簡化……」

他認爲簡體字，寫起來是比較方便，殊不知文字是一國文化之根本，如今把這根本動搖了還談什麼呢？只有在中共政權下長大的孩子，深受其毒，而忽視了中國文字的價值。其實，某些文字，是已約定俗成地簡化了，我們這裏也用，只是有些字，是決不可任意簡化的。教育部編了一部常用（或次常用）國字標準字體表稿，幷附異體字表稿，這兩本書是由正中書局出版的，在異體字表內，就有許多是已經通行的俗字，是可以統一使用的。也許義士尚未接觸到。

不知道有關單位是否已替義士聘請了家庭教師，專授以中國文字，以及歷史、地理的課程。

在大陸上，青年人根本不知歷史爲何物，正如義士說：「黨的歷史是永遠在變的，寫也寫不清楚。」

至於「方言」，更是個嚴重的問題；尤其在軍中，如果來自不同省份的人，那用起方言來罵架，才是夠瞧的，派系小圈圈亦跟着產生。

談到大陸上祭祖以及宗教迷信時，目前已稍恢復算命人的地位。在過去，因房子不夠住，大家都把廟宇拆除，或挖掘墳墓，用那些木材、石磚來砌房子，那裏還談得上什麼敬祖、祭神啊！如果你信教，就會掛上「無知」的罪名。

談到大陸上擇偶的條件時，大家都看是否有「海外關係」，只要有「海外關係」，就是你長得再醜，也是有人要的。總之，一句話，大家都嚮往自由，想盡辦法出來。

大陸留學生愈來愈多，對民主運動，自然產生很大作用。

要不是主席蔣家與博士提醒大家餐會座談時間已到，恐怕幾天幾夜都談不完。

吳榮根飛向自由，毅然來歸的壯舉，正是代表了大陸上千千萬萬同胞反共的決心。

參加餐會座談的人士年齡都比義士大，大都是執教於各大學的歸國學人，大家都把他當做自己弟弟一樣看待，大家都以他爲榮，以他爲傲。

這是一次難忘的座談會。

（民國七十一年十二月）

幾度寒窗念故人

我們敬愛的林老師去世才一年多，而師母又離開了我們，真是世事無常，令人傷感。

猶記前年（民七十二年六月下旬）我曾以「幾度寒窗夜未眠」為題，寫了篇悼念景伊師的文章；曾幾何時，今天我又提筆悼念師母，此時的心情正如「幾度寒窗夜未眠的結尾時所形容，「我覺得這支筆今夜十分不聽指揮，心緒紛亂。」到現在仍然不能相信這是事實啊！

實在想不到師母為何去得這麼快，是因為老師去世後的悲傷過度，抑是病魔纏身？年來，人事變化之大，簡直令人難以逆料。

元月三日晨，我尚未起床，書房的電話鈴響了，我披衣跑到書房，拿起話筒，就聽到師妹穎曾的哭泣聲：

「鄭姐姐，你現在可不可以來一趟？」

我感到一陣天旋地轉了，知道可能有不幸的事要發生了。

「……媽咪昨晚在美國心臟病去世了。」

「你在那裏？」

「和平東路媽媽家。」

這晴天霹靂，頓時使我楞住了。去年暑假，我從美國旅遊回來，就一直想去探望師母，可是打了許多電話都沒人接；後來才知道她在思曾的陪同下去了美國，卻沒想到這一去，就再也見不到她老人家了。

自從老師去世後，師母就不曾開心過，每次去探望她，師母臉上堆著愁容，再也找不回往日慈祥的笑容。不是在發呆，就是在自言自語。

上周三（農曆十一月初五）老師冥誕時，我還捧了鮮花來向老師祭拜，就看到師弟光曾一人在家，他正在廚房烹調黃魚，他說：

「爸爸生前最愛吃黃魚，祖父也是。爸爸在世時，每逢祖父冥誕日，都不忘記供祭黃魚；現在爸爸的冥誕，我也不會忘記燒條黃魚供祭！」

「真是孝順的兒子！」

「這就是爸爸生前做給我們看的榜樣，做子女的不知不覺就學了一些。」

我平時和光曾很難碰面，而最近一星期內見了兩次，上次是老師冥誕，這次是師母去世，想來，真令人心酸！

因為師母靈堂還沒佈置好，我們在老師的靈堂前，先上香行禮。

穎曾指著香爐旁的瓶花說：

「這菊花還是爸爸冥誕時鄭姐姐拿來的，今天剛好一星期，想不到又可以用來弔祭媽咪了。」

我抬頭凝視著這束黃花；花尚未凋謝，而師母卻已離開人世，真是感概萬千，雖以名狀。

「老師，師母生前都是愛熱鬧的，我再去多買些花來。」

「不必了，花不在多，心意到了就好。」穎曾帶著嘶啞的聲音說。

在老師的遺像前，我又默念良久，祈禱他老人家在天之靈，得以安息！

我和外子從大學、研究所，求教老師的時間最多，可以說是老師、師母家中的常客。老師嗜杯中物，如果碰上吃飯時間，就會把我們留下來，陪他喝上幾杯；而師母的菜是有名的好吃，尤其是紅燒水晶蹄，一上桌，不一會就給我們挾光了。

在老師酒酣耳熱之時，話匣子一打開，就無所不談，談學問，談人生，談做人處世等。而師母也會操著濃厚的江浙口音，諄諄告誡我們說：

「吃得苦中苦，方為人上人。」

「吃虧就是佔便宜。」

「好人就好報！」

有時，老師、師母也有意見不一致的地方。譬如說，當我生了兒子的時候，師母就忠告說：「夠了，夠了，一對雙胞胎女兒加上一個兒子，夠理想的了。像我，就是生的太多，弄得老來一身的毛病，何況，孩子多了，也不容易管教。」

而老師則反對師母的看法：

「我主張多多生產，生產報國，否則將來反攻大陸，那有那麼多人去收復國土呀！」老師得意的說。

老師一共有十三個子女，十男三女，都已成家立業。

碰到老師發表高論的時候，師母就只好不說話了。

師母是位樂善好施的人，這大概是受父親的影響，他的父親精通醫道，對地方上公益的事，極為熱心。每逢秋冬之間，必定要親自率領僕從，到窮鄉僻壤去義診施藥。師母常回憶著說：

「我七、八歲的時候，就隨父親到好幾個鄉村去義診。」

老師，師母平時很少談他們的過去，不知道是何年何月的某天（大概是十年前），在老師家中偶然看到了一本由浙江宜興同鄉會為了成立廿週年而出的紀念集，其中有一篇「思故鄉，憶往事」的文章就是由師母所寫的，給我留下了深刻的印象，原來師母在抗戰時期，參加了在漢口所設立的「戰時兒童保育會工作」。

「什麼是戰時兒童保育會？」記得當時我還好奇地問師母。

「戰時兒童保育會，是收容戰地搶救出來的孤兒的一個機構，當時主任委員是蔣夫人。」

「那時師母一定很年輕吧？」

「二十幾歲。」

我一口氣，看完了師母的這篇文章後，終於知道老師和師母是怎麼認識的了。

原來那個時候老師也在漢口；是奉總裁之命，特派為漢口市黨部主任委員。

「那時您一定很佩服老師吧？」我問。

「是的，那時老師只有二十八歲，年輕有為；最令人佩服的是景伊（老師字）十九歲就畢業於北京大學研究所國學門，就擔任河北大學、北平師範大學等校教授。」

「誰不知道老師是黃季剛的得意門生，章太炎的再傳弟子呢？」師母又補充一句。

如今，國內各大專院校中文系教授，又多半是老師的學生，真是桃李滿天下，春風化雨半世紀。

因此每年十一月初五，老師生日時，學生都趕到台北來向老師祝壽，歡聚一堂，跟老師喝上幾杯。每逢此時，師母也一定在座，笑逐顏開地陪老師，一桌桌敬酒。

師母在穿著方面是相當講究的，頭髮也是一直梳成一個髻，看起來很高貴的樣子。有時披個披風，很有派頭。師母是位很注重儀表的人。其實，不和師母接近，是不知道師母平日家居時的儉樸；在家裏，她總是一襲便服，外加一罩袍，或長衫。

民國卅八年老師初來台灣時，一家大小的生活擔子，都壓在老師一人肩上，幸賴師母量入為出，她常回憶以前經濟拮据時的情形，孩子們都在成長，所以經常費一番心思，做些又經濟又營養的東西給孩子們吃。中國人過年都穿新衣，所以乾脆都在開學時要買的新制服，提前到新年買，每人一套新衣服，穿了過年，開學時就不必再買了，所以每逢過年，每人床上都擺了一套新制服。

不過，那時候老師心情不好常借酒澆愁，孩子們一煩他，他就發脾氣，但是師母總會百般勸解，否則老師發脾氣，那還得了？

記得我唸師大時，常去師大對面的教職員宿舍看望老師和師母，那是一棟相當簡陋的平房，到處漏水；有時坐在客廳談話，中間還要擺上兩個盆子接水。

「小胖（學曾乳名），把水去倒了——」老師聲若洪鐘的喊叫，現在彷彿可聞。儘管屋漏如此，老師仍是一手拿酒杯，一邊談學問，過著安貧樂道的教書生涯。正如客廳壁上于右老題的：「蟠胸萬卷，在手一杯」的寫照。

師母隨老師在那兒住了二十多年，直到新屋落成喬遷時，才換了一套新家具，佈置好了一個舒適的家，二老正可安享晚年時，卻不幸先後去世。

師母一直擔心老師會先她而去；可是，不幸的是老師積勞成疾，在最後一次入院時，終於回生乏術，（肺癌）奪去了這位老人的生命！

老師、師母都是忠黨愛國的志士，抗戰時期老師曾被汪精衛拘捕入獄，威脅利誘，要他參加偽組織。老師誓死不屈，後來被禁閉到上海愚園路八六四號，幸賴各方同志共同的設法營救，始脫離虎口。當時師母正是參與這項營救工作的主要人物。

無論老師去那兒，師母務必追隨左右，兩老總是形影不離，師母曾隨老師去新加坡南洋大學執教、曾隨老師赴韓國接受名譽博士學位，並隨老師到西班牙講學。最難得的是，他們都是國大代表，都是最資深的黨員，去年十一月，中央慶祝建黨九十週年時，凡黨齡超過五十年以上的，均可獲得由主席所頒贈的紀念狀；師母亦獲有此一殊榮，可惜，那時她已去了美國，沒能看到紀念狀；如今，這張紀念狀正放在靈旁，如果師母地下有知，亦可含笑九泉了。

民七十四年二月六日　民族晚報

我所認識的張其昀先生

籌劃了好久，我們要到南投埔里去拜訪一位多年的老友，並順道去清境農場找些寫作材料，八月廿六日到了埔里。

廿七日清晨，由埔里出發，在前往位於南投縣仁愛鄉的清境農場途中，我還在跟外子殿魁說：

「聽彥公說創辦人這幾天病情不好，等我們回台北時，一定要去榮總探望一下。」萬萬沒有料到，當晚，就傳來了創辦人去世的噩耗，那時，我們正擬投宿於海拔二千公尺深山上的清境國民賓館。

外子突然來了靈感，要和台北家中連絡一下，電話中傳來女兒清晰的聲音：

「告訴你們一個不幸的消息，創辦人昨夜去世了，今天中午、晚上的電視新聞都有報導，好多找你們的電話。」

平時，我們從不放過收看新聞，這麼巧，就是這天，我們一天都穿梭在這有著「霧中桃源」之稱的清境農場，暫時與世隔絕。

放下聽筒後，我們再也沒有心情待下去了，立即退了房間。收拾行李，便飛車趕到埔里，再到台中，台北，回到家已是子夜一點半。

這時，萬籟俱靜，我拖著疲憊的身子，靠著椅背，千頭萬緒，想到創辦人已離開我們時，淚水又不禁奪眶而出，頓覺天地茫茫，腦中一片空白。

子夜兩點，尚無睡意，在斗室徘徊，那熟悉的音容，熟悉的中正十一樓，熟悉的電梯，熟悉的四十三病房，兩年多來，已不知留下了多少探訪者的足跡，病房門口小几上的簽名簿已不知換了多少本。而如今一切都成虛幻，怎不令人惆悵？

記得，上一次去拜望他老人家時，他的精神相當疲乏憔悴，套了氧氣管，墊了冰枕，打著點滴。……屋內靜悄悄的。我站在床邊默默地替他老人家祈禱後，即行告退，這是一個月前的事，沒想到卻是最後的一面。

創辦人是我所崇拜的人物之一，因為他是位可敬、可愛、可師、可法的了不起人物。最初認識他老人家，是在民國五十三年秋，我參加中華民國赴非文化友好訪問團回來時，在外子殿魁的陪同下，第一次到陽明山莊。拜見創辦人。那時，我才大學畢業，能有機會拜見這樣一位著述宏偉，興學育才的大人物，真是榮幸之至。

創辦人是精通地理的，在他年輕時，就已跑遍中國北方大陸，(包括東北、蒙古、青海、新疆等)，我們中學的地理課本，就是他旅行的路線記載，他對地理知識的描敘相常生動。讀了後，真希望我也能像他一樣地遍遊各地。

猶記那天拜會創辦人後，留下來午餐，在座尚有申學庸女士。席間，創辦人操著寧波口音，頻頻向我說：「行萬里路，讀萬卷書，你可以把這次非洲的所見所聞，記述下來，在『中國一周』發表，有照片更好，」他的態度是這麼誠懇、親切。不久，「中國一周」主編就和我聯絡，邀稿。在創辦人的鼓勵下，我大膽地以非洲紀行為題，連續在中國一周發表，開始了我寫遊記的筆墨生涯。從第一本的「半個地球」、第二本「歐遊心影」以至目前第三本遊記「海闊天空」的誕生，無不受到創辦人不斷的鞭策與鼓勵。

安定的日子，過得飛快，從第一次拜會迄今，匆匆已二十年了。我由一位剛踏出校門的少女，一躍而成為人師為人母的中年人了。可以說在華岡度過了我一半的黃金歲月。在這慢長的廿年中，和創辦人見面的次數並不多，但是每年大年初一必攜帶兒女全家向他老人家拜年，之所以帶兒女們去拜年，是希望他們看看創辦人那種埋首疾書，勤奮努力的精神；他以校為家，廿年如一日，就是大年初一也照常在書桌前。他的「中華五千年史」、「中國地理學研究」，就是在這種鍥而不捨的精神下完成的。他看到小孩特別高興，孩子們向他老人家拜時，他笑咪咪地把在中山北路福利麵包店買來的花生巧克力，拿來給孩子們吃。而他們從牙牙學語，到現在成為華岡的學子，每年都吃到張爺爺的花生巧克力，創辦人的愛心由此可見。

至於興學方面，創辦人更是排除萬難，就以文化大學創辦來說，可以從「鬼斧神工，非人所為」這幾句話來形容。任何事「首創惟艱」，亦最受人非議，但是創辦人能抱持理想而奮鬥，難怪某次校慶酒會上，林師景伊說：「創辦人不是人！」當時把大家都楞住了。停了一會，林師接著又說：「創辦人是神！從荒山一片，到今天的巍娥黌舍，從無中生有，到今天的所、系規模，實非人的力量所能完成，所以我說創辦人是神！」一時掌聲如雷，景伊師去逝也已兩年了，但他鏗鏘有力敘述創辦人，創業艱難的聲音，還依稀可聞。

創辦人，不但樂於提攜後輩，網羅人才，而且禮賢下士，待人誠懇。林師景伊向有「酒仙」之稱；每逢創辦人宴客時，只要有林師在座，必定吩咐多備兩瓶紹興酒，同時創辦人親自斟酒。此情此景，歷歷在目，而二位老人家現在都已離開了我們，怎不令人傷心悲痛！

創辦人，在文化藝術的宣揚與推動上，是引為己任的。早在民國六十一年，就有心要成立「華岡藝術總團」，要把我國的國舞、國樂、國劇介紹到世界各地，指定莊本立先生為團長，我為該團祕書長。可惜！因為經費不足，未能成行，那時，學校正大興土木，興建校舍。

民國六十八年，模里西斯中華文化中心，邀請我率團前往宣慰僑胞。中、模沒有邦交，很難成行，為了宣揚文化，為了促進國民外交，在創辦人的支持與鼓勵之下，我終於鼓起勇氣，帶領十七位娘子軍，遠征非洲，結果在模國，打了一次漂亮的文化戰，粉碎了共匪的陰謀伎倆，給華僑史上留下了輝煌的一頁，這一切殊榮，都歸之於創辦人。民國七十二年我再度率文化友好訪問團前往南非模里西斯留尼旺，宣揚我中華文化，有功於國民外交。曾獲創辦人頒贈「文化槃譽狀」。

模里西斯留尼旺老一輩的華僑，沒有不知道創辦人的。好幾次他們組團回國參加國慶，都不忘拜會創辦人，而且還購買「中文大辭典」、「中華五千年史」等書回僑居地，希望把中華文化撒到非洲土地，使那兒華僑的文化沙漠，變成綠洲。

特別一提的是「中文大辭典」，貢獻非常大，記得我遊學巴黎時，就遇到一位漢學家，他告訴我：「中文大辭典就是我的老師，」他從書架上取下一本說：

「你看，都給我翻爛了！」

當時，我真是以創辦人為傲，但是中文大辭典的出版迄今已快二十年了，一度創辦人授權給外子殿魁繼續修訂，但是由於經費拮据而停頓，未能完成他老人家所託咐的事……

一對多年旅居法國的學人，王家煜、羅鍾皖夫婦，某年返國參加國建會時，特別要求拜會創辦人，他們頻頻豎著大拇指說：「曉峯先生，在文化事業方面，做的最多，貢獻也最大，是海內外人士，有目共睹的事實。」他們對創辦人的道德、文章、仰慕不已。他們夫婦倆都是台大外文系畢業，在創辦人任教育部長時，公費出國的；如今，他們在法國的漢學界都有著相當高的地位，這都是創辦人十年樹木，百年樹人的例子，(戰後公費生由創辦人設立的)

創辦人一生，有許多感人的軼事，我所知道的只是一鱗半爪，我盼望他的朋友、學生，能夠把許多遺聞軼事，都紀錄下來。足可為後輩青年的楷模。

現在，創辦人雖已離開我們而去，但華岡學園仍巍峨地矗立在陽明山上，而他的精神，將永遠和華岡人在一起！

民國七十四年九月　民族晚報

附錄

評鄭向恆著《海闊天空》

史紫忱

近人有把我們傳統上所謂的「遊記」，稱之謂「報導文學」，表面上說，遊記確乎與報導相似，但它們在作者動機方面有所不同。絕大多數的遊記，只是感性的描述見聞，直覺筆墨之外，很少對見聞加以分析的深入解說，而報導型的則多半含有特定目的，縱然作者能用文藝化的手法來表現，可是它的特定目的處處顯露，也可以說它強調了報導任務，以致與純然漫遊的鳥瞰式作品，相對的意義有別。這是我對遊記文學和報導文學的一種看法。

遊記文學或報導文學意義既有距離，它們的讀者群也不易混同。遊記的讀者每每嚮往著走馬看花的概略式的記載，得到「臥遊」之妙。報導的讀者經常受特定標示而感動而發生遊記所沒有的刺激。例如「徐露客遊記」，它雖然記了不少名山大川，卻仍然時時以土俗、民風、物產為主，令讀者足不出戶，心遊天下。再如「馬哥勃羅遊記」，它強調東方的繁華富庶，目的顯亮，有充份的報導特性，刺激後世航海家許多探航慾念。遊記文學寫作的作者必須身臨其境，報導文學除了像馬哥勃羅遊記的口述形式之外，還能夠依靠資料執筆。

站在文學寫作或文學欣賞立場看，遊記作品能不足浮光掠影的描繪，兼有目的性的隱射穿插，讓讀者一面追隨作者邁入遊的見見聞聞，更一面無意中得到一些無形無色的啟示與收穫，將是遊記與報導兩種文學精神合流的最佳理想。這個理想化為事實，並不容易。由於作者修養、興趣、文化背景、觀察偏正，尤其個人專長等所限，很難達到通識效果，也就是雅俗蒐賞的程度不好把握。

鄭向恆教授的三本遊記：1.「半個地球」，2.「歐遊心影」，3.「海闊天空」，都有一個中心思想——發揚中華文化，結合華人力量——貫串著，而字裏行間仍漫溢的是各地風光之美、文物之盛以及生活的寫照，除非沒有機會，否則，鄭教授一定在讀者神遊之際，輕輕的也是重重的注入她萬變不離其宗的中心思想。此一畫龍點睛的技巧，革命元老鄭彥棻先生在「海闊天空」的長序中，所指的教育性、文化性和建設性，正是她中心思想的吐露。

不過，鄭向恆教授出身學院派的文學陣營，她文筆的幽美，隱隱含蓄中國文學傳統的無上華彩，才是她的遊記獲得廣大讀者欣賞的主因。例如「海闊天空」內寫「福爾內火山之行」，以地質學及史學觀點報導後，形容火山爆發。「轟轟隆隆的音響，配合著形形色色的熔漿，它是一幅現代的潑墨畫，又是一首動人的交響樂。」接著說：

——在火山爆發之前，也就是山老爺發怒之前，火山口的山空，有一個灰黑色的煙蒂，一直向雲霄發射，其中還噴灑出火山灰和碎石子，如同噴泉似的。山麓也有小小震動，經過一個多月才慢慢消失，然後噴出五顏六色的熔巖，像節日施放的焰火，耀眼欲花。

不但寫景，舉凡寫情、寫理、寫意，過人的筆墨，觸目皆是。鄭向恆和她的另一半李殿魁博士，都對國學、國樂、國劇等有不平凡的研究，理論的學，技巧的術，通而且精，兼以常識豐富，博聞彊記，培養成他賢伉儷的多才多藝，鄭向恆的遊記，只是她學問的一角而已。

平平和安安的二十年

親愛的平平、安安，今天是你們二十歲生日，我內心有一種壓抑不住的喜悅，這種喜悅的程度一如你們「哇哇」落地時的情形一樣。

「恭禧！恭禧！一對雙生女兒。」「好可愛的雙胞胎啊」雖然那是二十年前的事了，但是當時親友們爭相道賀的情景，猶在目前。

當大夫拎着你們的小脚，先後在我面前晃動時，我眞是喜極而泣。第一次做母親，就做了一對雙胞胎的母親，那份喜悅和驕傲，實非筆墨能形容。

因爲你們的出世，比預定的日子提早了一個月，使我大有措手不及之感；並不是事先沒有準備，而是在懷你們的時候，由於你們心跳頻率一致，一直不曾確定是否是雙胞胎，當時還沒有超音波，只有「聽天由命」了。

親友們送來成雙成對的嬰兒用品及衣物，眞是盛情可感！那時你爸剛從研究所畢業，初爲人師，而我也不過是小小助教，一下子要養育一對雙胞胎，實在很難，幸好，你們一出世，味全奶粉公司就送來兩打奶粉，沒想到你們還滿欣賞的，以後就做了味全的長期顧客，要改別的牌子，還不習慣哩！

你們的外婆是位了不起的女性，她成長在中國最艱苦的時代——抗戰八年，帶着幾個嗷嗷待哺的孩子，過着流離顛沛的日子。好不容易抗戰勝利，可以過太平日子，誰知共匪作亂，大陸變色，隨着政府遷來臺灣，由於你們的外公係一介軍人，那時待遇菲薄，全賴你們外婆量入爲出，勉強把我和你們兩個舅舅養育成人，而且完成高等教育；正要享清福時，外公不幸在你們出世前半年與世長辭，離開了我們。外婆不得不堅強地抹乾眼淚肩負重任。直到你們這對小天使翩然降臨，才使外婆恢復了往日的笑容，收起了外公去世後的愁苦，因爲你們的來臨，外婆也開始忙碌了，忙碌，充實了寂寞悲傷的日子。

就從生你們的那天開始吧，由於我流血過多，遵醫生囑必須打葡萄糖，手臂動彈不得，而外婆則寸步不離的守在床前，一會餵我喝牛奶，一會餵我吃東西，照顧得無微不至，同時還不時跑到嬰兒室去看看你們的動靜。

「老大笑了，老二哭了。」

「老大脚在動，老二手在伸。」

「這對小東西，眞可愛啊！」

因爲怕把老大、老二弄錯，一生下來你們脚上就印了一個記號，直到外婆爲你們取了這兩個名字——「平平、安安」，外婆之所以取名平平、安安，是希望你們能帶給全家大小平安。眞的要感謝外婆替你們取了這麼好的名字。

記憶中，從你們出生以來，直到今天二十歲，除了嬰兒時期的定期健康檢查外，似乎沒有生過什麼病，進過什麼醫院的紀錄，只有在你們六、七歲時，由於大人們疏忽，左右兩邊坐著看電視，把眼睛看斜了。幸好發現得早，動了小手術，矯正過來。當你們輪流動手術的那時刻，是我一生中最難忘的時刻；眼睛是靈魂之窗，萬一失手，我這個做母親的豈不遺憾終身？不過，靠你們的名字，總算平平安安，順順利利完成了這個精細的小手術，使你們現在擁有一對明亮的眼睛。

算來，這多年，我口中叫最多的就是「平平、安安」，一年三百六十五天，似乎沒有一天不喊上好幾遍，當你們搖搖擺擺學走路時，一個往東，一個往西。那時，我就扯着嗓子「平平」，「安安。」地喊。有時喊錯了，乾脆就「平平、安安」一齊喊，你們也習慣了。

小時候，你們眞是一對頑皮的小姐妹，最喜歡往戶外跑，所以我常把你們放在一部四輪的推車裡，一頭坐一個，散步在華岡的校園內，常被文化大學的同學圍住，好奇的問：「這是雙胞胎嗎？好可愛啊！」

無憂無慮的日子，總是過得飛快，尤其在自由民主，安和樂利的寶島臺灣。而今霎眼之間，你們也成了文化大學的學生了，也是華岡的一份子。當你們現在重踏上這塊曾經印着無數你們童年足跡的校園路上，內心是何感受呢？

看到你們的成長，使我有莫大的喜悅，當我們偶爾在校園，或在教室走廊上不期而遇時，我被你們左擁右抱，夾在中間，邊說邊笑，眞是投來不少羡慕的眼光，看起來我們像是姐妹，又像是好朋友一樣，無拘無束。

我常想，我比一般人更幸運，因爲我比一般人多了一隻左右手。說眞的，要不是你們會做家事，會烹飪，我那能常常利用暑期出國訪問呢？

「吃得苦中苦，方爲人上人」，尤其你們學的舞蹈，必須要下功夫苦練，否則就如「逆水行舟，不進則退」，要記住，天下沒有不勞而獲的事。

相信，除舞蹈之外，你們還有音樂的細胞的，因爲我懷你們的時候，曾隨中華民國文化友好訪問團前往非洲十五個國家訪問，以宣揚我大漢天聲，我曾登台表演古箏、琵琶五十多場。當時大家都開玩笑對我說：「這樣的胎教眞不錯，將來這個孩子必是國樂家呢！」

果然，平平善古箏，安安善吹笛，不過天份更要加上努力；要自動自發地培養各方面與趣，而且要有樂觀進取的心。

「藝術的生活是堅苦的，唯有吃苦才能產生高超的藝術」，希望這句話作爲你們二十歲生日的贈言。

（民國七十四年四月）

沒有代溝的鄭向恒

對於鄭向恆的認識，只知道她得到今年的「中興文藝獎」，出版過兩本遊記——「半個地球」與「歐遊心影」。

另外，朋友也提供了不少她的背景資料。

——她是「文化大學」中文系教授。

——有她在的地方，就有春天。

——不但長的漂亮，人又熱誠。

——她有位傑出的丈夫——國家博士——李殿魁教授。

× × ×

「我可以告訴你更多。」鄭向恆說：「我有一對要上大學的雙胎女兒——平平與安安，還有一個上國中的兒子。我自己嘛，愛聽音樂、喜歡古詩詞，非常好動，游泳、跳迪斯可都來。如果要問我什麼特長……對了，我喜歡給人家做媒。」

李殿魁教授說：「她喜歡當媒婆，看到沒結婚的，就要給人家介紹朋友。」

這可能和個性有關，鄭向恆不但熱誠，人也活潑，腮上的兩個大酒窩，顯得她像個大孩子，不像教授，也不像母親，尤其是她的言語和行動，可以用一隻快樂的百靈鳥來形容。

「我也不知道怎麼搞的，就是靜不下來，好像一天二十四小時，兩隻手，兩隻脚都不夠用。不過有人說我看起來年輕，可能就跟我忙，沒心事有關。」

「這麼忙，會有時間寫作？」

「有啊，晚上不出門，就窩在家裡寫，我們家的寫稿環境很好，一間大書房，兩面是書牆，一面是有樹、有花、有草的山坡，一面是陽臺，情調很夠，書房的設計也不錯，我和我先生面對面，兩個女兒面對面，兒子單獨一張，誰都不干涉誰。」

他們家的書眞多，有書籍氾濫的恐慌。

「沒辦法，兩個人都教書，要用的資料很多，所以我們建立書卡，像圖書館的方法，找起來很方便。」

「妳的寫作，偏向報導文學？」

「嗯，我喜歡言之有物。」

李殿魁教授馬上下斷語：「她是用寫歷史的手法寫稿，不急不慢，娓娓道來。」

「那麼李教授是鄭向恆的第一位作品讀者？」

「不是，我才不愛看，是她強迫我看，我堅持不看，她就唸給我聽，很專制吧！」

×　×　×

這種「專制」的女人，在學生和孩子的面前，却大受歡迎。

「我儘量去瞭解他們，和他們打成一片，現在時代不同，老師和家長都不能有高高在上的老觀念。不過，話又說回來，像我這種作風，學生、孩子他們都不怕我，沒有一點尊嚴，經常開玩笑，用『可愛』這種形容詞來評論我。唉……沒有地位了，是不是？」

「不是，這表示他們跟妳沒有代溝。」

「這我承認，我認爲做老師和家長的。」一定要和下一代溝通，像我教詞選，中國文學史，我都是拿現代東西對照著讀，引起他們的興趣，必要的時候，我也表演，我也唱，學生自然不會有排斥。還有，我鼓勵大學生在校區辦舞會，這是一種正當的社教，老師和學生經由這些社交活動結成朋友，確立感情，就不可能有學生和老師彼此對立的現象。

我因爲出過幾次國，看過外面的世界，就把我知道的，看到的，講給學生聽，毫不保留，他們喜歡上我的課。他們喜歡上，我也喜歡講，教育的工作當然不會覺得苦，學生也不必想『蹺課』問題。」

「妳想再寫一些做老師的經驗嗎？」

「將來也許會，現在不可能，因爲我太忙，七月底，我要帶『中華民國友好訪問團』到『南非』，目前天天在忙排節目、印海報、聯絡行程和交涉經費，很累呀！」

「好像妳常去『南非』一帶？」

「都是跟『中華民國友好訪問團』去的。常出去走走、看看，眼光和思想都會改變。」

「妳的兩本書，都是出國的資料。」

「我也比較喜歡寫這一類的，對讀者實際些。」

「看書呢？也偏愛這一類？」

「以教科書爲主啦，詩啦，詞啦，曲啦，都是古典的居多，現在的東西，我看的很少，你看我的外表和作風很新，其實，我是欣賞傳統東西的保守人。」

「因爲妳是『國文系』畢業的，又教『中國文學』。」

「事實上，中國固有的東西的確是美，値得我們花時間去研究和欣賞啊？我教學生的方向，也是朝這點走，誘導他們接受高水準的東西，國民的素養、氣質，是要靠誘導的。當然，我也並不是強調曲高和寡，我贊成迎合大眾，但是一定要走高級路線，而且一定要表現出我們中國人傳統的和固有的。」

「說的具體些吧？」

譬如唱歌，我們可以把好的詩、詞譜曲，教給大家唱，好的流行歌曲，也可以用中國的樂曲伴奏。讓任何人一聽，都知道這是中國的東西。」

有人爲鄧麗君出版了一張古詩、詞的唱片。」

「那還是流行歌曲的唱法嘛，不過，惟有人這樣做就很不錯，做總比不做好對不對？只是我希望能再好一些，把古譜拿出來重新編，我相信會受到社會的重視和歡迎。」

「再舉個例子，有一次我陪幾個法國朋友參觀國內的古蹟。我帶他們去『佛光山』，他們覺得沒意思，回程經過幾間民房，用紅瓦建築的，他們看了好驚奇，非要進去參觀。房子裡有雕花、有廊沿、灶門神，看起來好『土』，房子的女主人是個老太太，穿件短掛，及膝褲，不但法國人看了喜歡，我都很感動。這才是我們典型的地方色彩嘛！富麗堂皇，並不見得美，像我去別的國家，每次都看別人都有代表性的文化，我就很急，因爲能代表中國傳統的，越來越少了。」

「聽說『文建會』正在做文化古蹟的保存工作。」

「已經有很多被破壞了。」

「妳喜歡學古箏和琵琶的心理，是不是就想保留中國的東西？」

「或許。我也學『崑曲』，我先生吹笛、吹蕭，我女兒學民族舞蹈、聽國樂。我想，任何事都一樣，先從本身做起，再推己及人。來，我現在就放一段用中國樂器演奏的歌曲給你聽，太美了。」

「這是推己及人的第一步？」

「我的學生也聽啊，你要知道，現在的學生，並沒有判斷的能力，却有接受的能力，你把好的東西給他們，他們會接受，這就是誘導學生往高水準地方走的方法之一。我也在一本青少年的刊物上寫『認識國樂』，我的目標只有一個，盡我的能力去保存中國文化。」

鄭向恆說話很有表情，兩隻大酒窩一顫一顫，難怪有人說，她是最漂亮的女作家。

× × ×

因爲常出國，鄭向恆家裏的「怪物」很多，各式各樣的小茶壺，叫不出名字的樂器、裝飾品、案頭娃娃、紙鎭、壁飾，想要一下看完，實在是難事，而且這些只是鄭向恆單方面的

「寶藏」，再加上李殿魁教授的「嗜好」——錄音帶、錄影帶、線裝書……那眞像一個窮光蛋突然掉進了寶山，東抓西看，不知道該怎麼辦了。

「等到九月我回來，可能又有一些新的東西，到時候你再來看。」

那時候，我們將要看到的，不只是更多的「怪物」，應該還有一本新的「遊記」，因爲他每出國一次，回來就努力的筆耕出一本受歡迎的「西方遊記」。

（民國七十二年七月）

《海闊天空》增見聞

唐潤鈿

古人說：「行萬里路，讀萬卷書。」這是說明見聞和學識同樣重要，最近我看了「海闊天空」一書，這本書的著者正是行萬里路，讀萬卷書的鄭向恆女士，現任中國文化大學專任教授。她的足跡已到過歐亞非三大洲，著有「半個地球」、「東坡樂府校訂箋注」、「陶淵明作品研究」、「歐遊心影」等。這「海闊天空」是她的第三本遊記。

她的第一本遊記是和她的弟弟向元合著的「半個地球」。在民國五十三年夏天，她參加中華民國赴非文化友好訪問團，到非洲十幾個國家去表演古箏、琵琶，揚我大漢天聲。弟弟向元則代表我國參加全美童軍大露營。回國後，他門便合著了「半個地球」。

他的第二本遊記是「歐遊心影」，是她在民國六十三年往法國遊學時，陸續在各報章雜誌上所發表的觀感和遊記。後來彙集成冊，於六十六年出版。我在閱讀之餘，寫了一篇讀後心得，在中央日報的「讀者」專刊刊出，現已收入拙著「書僮書話」一書中。

近年來，她似乎每年暑假都到國外去旅行訪問。民國六十八年，她率領「梅花文化友好訪問團」前往南非、模里西斯及留尼旺等地。民國七十一年隨中華民國作家訪問團，前往韓國、日本。並應邀前往西非象牙海岸演奏古箏琵琶。七十二年夏再度率團前往南非。去年她獨自前往美國探親訪友。由此看來，她的旅遊經歷非常廣。

「海闊天空」這一本書的內容分爲三部門。一是國內的參觀訪問記，有「海峽去來」、「金城湯池」、「鹿港」和「摩耶精舍印象記」等八篇。二是國外旅遊觀感記述，有「梅花香溢印度洋」、「中國人在留尼旺」、「馬尼拉瑣記」、「飛越撒哈拉」、「好望角掠影」等二十七篇。三是她的訪問記述，如「在巴黎與紅衛兵一席談」、「敬老尊賢的民族——芮正皋大使談非洲人的倫理道德」、「四訪檀島話今昔——鄭彥棻先生歸來談片一等」，計有九篇。

民七十四年十月一日　國語日報